Au-Delà de la Pandémie

Les bienfaits inattendus des épreuves

Xavier Desvergez

Remerciements

Cet ouvrage représente un projet qui me tient profondément à cœur. Il est le réceptacle de tous les conseils que je souhaiterais léguer à mes enfants, dans l'éventualité où la vie les mettrait face à des défis semblant insurmontables. Que dans leurs moments de désarroi, ces pages puissent leur offrir un réconfort et un guide vers la quiétude.

Je tiens à exprimer ma gratitude envers mon épouse, Sophie, qui fut mon roc pendant l'écriture de ce livre. Grâce à ses conseils judicieux, elle a su faire la lumière sur mes idées mal exprimées, et à les reformuler d'une manière compréhensible. Quant à mes parents, Claire et Olivier, ils ont été le socle de mes aspirations. Leur enseignement et leur exemple ont forgé l'inspiration qui alimente ces pages.

Un clin d'œil à mon frère et à mes sœurs, dont j'ai mis à l'épreuve leur patience ! Malgré tout, ils n'ont jamais manqué de me montrer leur amour.

Je souhaite également remercier la paroisse de Chartres, notamment Jérémie, Philippe, Déborah, Ingrid, Karim, Jeannie, Noé, Solenne, Raymond et Marie Thérèse. Ces instructeurs ont jalonné mon parcours spirituel et m'ont permis de grandir dans ma foi.

Enfin, je dédie une pensée à Adib, Moise et Ben, ces compagnons de collège et de lycée qui, avec leur ferveur et leur intégrité, sont devenus des modèles pour moi en matière de pratique religieuse. Un grand merci à vous tous!

Sommaire

Introduction

Le virus COVID-19, identifié pour la première fois en Chine en décembre 2019, a été reconnu comme une pandémie par l'Organisation Mondiale de la Santé en mars 2020. Cette désignation témoignait de l'étendue globale de sa propagation. Pour limiter l'impact du virus, la France, sous l'autorité du Président Emmanuel Macron, a instauré un confinement généralisé à partir du 16 mars, initialement prévu pour une quinzaine de jours mais qui s'est finalement étiré sur près de deux mois.

Cette période de confinement, unique et marquante, a profondément influencé chacun d'entre nous. En fonction de nos circonstances personnelles, elle a pu générer frustration et impatience, tout en ouvrant paradoxalement des occasions pour l'apprentissage, la découverte et la redécouverte de soi.

Confrontés à cette situation sans précédent, nous avons tous développé diverses stratégies pour gérer la crise. Certains se sont tournés vers les divertissements disponibles, comme les films et séries proposés par Netflix. D'autres ont préféré se plonger dans des livres, écouter de la musique ou apprécier l'art sous toutes ses formes. Un autre groupe, cependant, a trouvé un refuge dans sa foi, une position souvent défiée par l'assertion récurrente : "Si Dieu existait vraiment, il ne permettrait pas la survenue de guerres, de famines, de catastrophes..." ou plus récemment, "Si Dieu existait, il n'y aurait pas eu d'épidémie de coronavirus."

Ces déclarations révèlent une méconnaissance profonde de la nature divine et de son plan pour chacun d'entre nous. A cette remarque souvent avancée par l'athée convaincu, Job a rétorqué : "Ne recevons-nous pas aussi le mal de la main de Dieu, avec le bien ?" (Job 2:10) Ce livre s'efforce d'éclairer l'aspect du "Dieu des épreuves" et d'apporter des réponses à ces questions qui nous assaillent si fréquemment : Qui est ce Dieu qui permet l'existence de tant de calamités sur Terre ? Comment concilier la notion de "Dieu" avec celle de "difficultés" ? Si une telle réconciliation est possible, comment cela se produit-il ? Que signifie l'affirmation divine "Moi, je reprends et je châtie tous ceux que j'aime" ? Comment les châtiments et les épreuves peuvent-ils être la preuve d'un amour divin ?

Cet ouvrage est une synthèse de mes réflexions durant la période de confinement, visant à répondre à la question ultime : quel est le but des épreuves de la vie ? Mon espoir est que ces écrits permettront à chacun de renforcer sa compréhension de la nature de Dieu et du sens des épreuves mortelles.

En parcourant ces pages, j'aspire à vous faire prendre conscience de trois idées fondamentales. La première est que les épreuves nous aident à identifier ce qui est essentiel à notre bonheur. La deuxième est qu'elles sont incontournables pour développer notre potentiel divin. La dernière, que Dieu utilise les difficultés pour nous rapprocher de lui et nous enseigner sa sagesse.

Il n'est pas rare que notre progression personnelle soit entravée par notre tendance à nous concentrer sur les causes des événements. Nous sommes souvent obsédés par la question : "Pourquoi cela m'arrive-t-il ?". Il est important de reconnaître que les origines des épreuves peuvent provenir de nos propres choix ou erreurs, des choix ou erreurs des autres, ou des événements naturels de la vie.

Cependant, la réflexion ne devrait pas s'arrêter là. Nous devrions nous demander : "Qu'ai-je à apprendre de cela ?" En adoptant cette perspective, nous pourrons affronter les difficultés avec plus de sérénité et de résilience.

Le terme "crise" a son origine dans la langue grecque, où il dérive de "krisis", signifiant jugement ou décision. Il n'évoque pas nécessairement une situation difficile, mais plutôt l'obligation de prendre des décisions cruciales. La crise du coronavirus nous a tous contraints à prendre de telles décisions, que ce soit dans notre couple, notre famille, nos habitudes ou notre mode de vie. Nous explorerons comment Dieu utilise ces moments de crise avec sagesse et amour pour nous permettre de changer et de progresser.

Mon ambition est que ce livre vous aide à développer un amour plus profond pour Celui qui a créé la terre et tout ce qui s'y trouve. Que votre compréhension de son amour et de sa sagesse s'approfondisse. J'espère que ces pages apporteront réconfort, courage et espoir dans les moments difficiles, et contribueront à renforcer votre confiance en Jésus-Christ.

Première partie

Les Épreuves : Un Miroir de la Vie

Les épreuves sont ces instants critiques qui ébranlent nos convictions et remettent en question nos certitudes. Elles nous invitent à explorer nos véritables aspirations et à découvrir les fondations sur lesquelles notre existence repose. À l'image des tremblements de terre qui secouent les structures, elles mettent à l'épreuve les piliers de notre foi, révélant la distinction entre ce qui est robuste et durable, et ce qui n'est qu'éphémère.

1. Notre perception des épreuves

Face à un événement de vie, notre premier réflexe est de le cataloguer comme bénéfique ou néfaste, selon les émotions qu'il suscite en nous. Ce jugement, souvent précipité et erroné, omet de prendre en compte certains facteurs qui nous échappent sur le moment, faussant ainsi notre perception.

Dieu a illustré cette vérité à Ésaïe : « Autant les cieux sont élevés au-dessus de la terre, autant mes voies sont élevées au-dessus de vos voies, et mes pensées au-dessus de vos pensées. » (Ésaïe 55:9). Ce verset révèle deux des attributs primordiaux de Dieu : sa sagesse et sa perspicacité, issues de son omniscience. Nous devrions constamment chercher à acquérir ces qualités dans notre quotidien. Après tout, Dieu, le détenteur de toute connaissance, est le plus apte à nous guider dans notre existence. Cependant, cette sagesse n'est pas offerte gratuitement. Dans les Écritures, nous apprenons que Dieu octroie cette sagesse à ceux qui la recherche assidûment. L'humilité est une vertu indispensable pour embrasser une vision clairvoyante de nos épreuves.

Jacob avait saisi cette vérité lorsqu'il annonça à son peuple : « C'est pourquoi, frères, ne cherchez pas à conseiller le Seigneur, mais à prendre conseil auprès de lui. Car voici, vous savez vous-mêmes qu'il gouverne toutes ses œuvres avec sagesse, et avec justice, et avec une grande miséricorde. » (Jacob 4:10).

L'épreuve est une notion complexe, souvent mal saisie et mal interprétée par notre esprit limité. Pourtant, si nous ouvrons notre cœur à l'orientation divine et si nous nous soumettons à la volonté d'un Dieu aimant, nous pourrons dévoiler les enseignements profonds que ces épreuves cachent.

Cette pandémie n'est pas foncièrement mauvaise. En réalité, comme l'illustre l'histoire suivante, aucun événement de notre vie n'est intrinsèquement malveillant. « Voici l'histoire d'un vieux paysan qui vivait en solitaire avec son fils. Sa richesse se résumait à un superbe cheval. Les riches du village convoitaient ce cheval et proposaient des sommes colossales pour l'acquérir. Mais chaque fois, le vieillard répondait : « Ce cheval est plus qu'un animal pour moi, c'est un ami. Je ne peux pas le vendre. » Un jour, le cheval disparut. Les voisins, rassemblés autour de l'étable vide, formulèrent leur jugement : « Il était évident qu'on te déroberait cet animal. Pourquoi ne l'as-tu pas vendu ? Quelle tragédie ! » Le paysan répondit avec prudence : « N'allons pas trop vite en besogne. Le cheval n'est plus dans l'étable, c'est un fait. Tout le reste est une interprétation de votre part. Comment savoir si c'est un malheur ou une bénédiction ? Nous ne connaissons qu'un fragment de l'histoire. Qui sait ce qui adviendra ? » Les gens se moquèrent du vieux... Quinze jours plus tard, le cheval revint. Il ne s'était pas fait volé, mais était simplement parti. Fatigué de son escapade, il revint et ramena avec lui une dizaine de chevaux sauvages. Les villageois se regroupèrent de nouveau : « Tu avais raison, ce n'était pas un malheur, mais une bénédiction. » Le paysan leur rétorqua : « Ne tirons pas de conclusions hâtives. Disons simplement que mon cheval est revenu. Comment savoir si c'est une chance ou une malchance ? Ce n'est qu'un épisode. Peut-on connaître l'ensemble d'un livre en lisant une seule phrase ? » Les villageois se dispersèrent, pensant que le vieillard perdait la tête. Après tout, recevoir dix magnifiques chevaux était incontestablement un cadeau du ciel. Trop âgé pour s'en charger lui-même, le vieux paysan confia à son fils, malgré son inexpérience, le dressage des chevaux sauvages. L'un d'eux le projeta au sol violemment, le blessant sérieusement. Les villageois vinrent une fois de plus partager leur avis : « Mon pauvre ! Tu avais raison, ces chevaux sauvages ne t'ont pas porté chance. Voilà ton fils unique estropié. Qui va t'assister dans ta vieillesse ? » La réponse du paysan les surprit à nouveau : « Allons, ne jugez pas si vite. Mon fils a perdu l'usage de ses jambes, c'est tout. Qui sait ce que cela nous réserve ? La vie se déroule par fragments, nul ne peut prédire l'avenir. » Quelques temps après, la guerre éclata. Tous les jeunes du village furent enrôlés, excepté le fils invalide du vieux paysan. Les villageois vinrent exprimer leurs lamentations auprès du vieillard : « Tu avais raison, ton fils ne peut plus marcher, mais il reste auprès de toi tandis que nos fils risquent leur vie. » Il leur répondit : « Ne vous précipitez pas pour interpréter les choses. Vos fils ont été appelés à la guerre, c'est un fait. Mais seul le temps dira si c'est une tragédie ou une bénédiction. Laissons la vie se dérouler comme elle le souhaite. »

La vie est une suite d'événements qui, par nature, n'ont pas de connotation de bien ou de mal - ils sont neutres. C'est notre réaction qui leur attribue une valeur, soulignant ainsi la portée de notre interprétation et son influence sur notre expérience du monde. Cette perspective nous fait prendre conscience que notre bien-être est intimement lié à la manière dont nous percevons et réagissons aux événements qui nous arrivent.

Mais comment discerner si notre réaction face à une situation difficile est bénéfique ou néfaste? La réponse nous est donnée par Moroni : « Tout ce qui est bien vient de Dieu ; et ce qui est mal vient du diable » (Moroni 7:12). Dès lors, une réaction bienfaisante est une inspiration divine qui nous pousse à faire le bien, à aimer et servir Dieu (Moroni 7:13). Alors se pose la question : comment adopter un tel comportement?

Pour cela, Jésus a proposé deux chemins. Le premier est énoncé dans Jean 14:15 : « Si vous m'aimez, gardez mes commandements ». Par cette déclaration, il nous fait comprendre que l'obéissance à ses commandements est le témoignage ultime de notre confiance en Dieu et la reconnaissance de Son influence dans notre vie.

Le deuxième chemin est illustré dans Matthieu

25:34-40 : « Venez, vous qui êtes bénis de mon Père; prenez possession du royaume qui vous a été préparé dès la fondation du monde Car j'ai eu faim, et vous m'avez donné à manger; j'ai eu soif, et vous m'avez donné à boire; j'étais étranger, et vous m'avez recueilli; j'étais nu, et vous m'avez vêtu; j'étais malade, et vous m'avez visité; j'étais en prison, et vous êtes venus vers moi. Les justes lui répondront: Seigneur, quand t'avons-nous vu avoir faim, et t'avons-nous donné à manger; ou avoir soif, et t'avons-nous donné à boire? Quand t'avons-nous vu étranger, et t'avons-nous recueilli; ou nu, et t'avons-nous vêtu? Quand t'avons-nous vu malade, ou en prison, et sommes-nous allés vers toi? Et le roi leur répondra: Je vous le dis en vérité, toutes les fois que vous avez fait ces choses à l'un de ces plus petits de mes frères, c'est à moi que vous les avez faites.» . Il suggère ici que servir notre prochain est en fait une manière de servir Dieu. Si nous aidons nos semblables à s'épanouir malgré l'adversité, alors notre réaction est justifiée, car elle est à l'image de celle du Christ.

À l'inverse, tout comportement néfaste provient du diable, qui est l'adversaire de Dieu, sans cesse en lutte contre Lui et cherchant constamment à nous pousser vers le péché et le mal. (Moroni 7:12) Par conséquent, toute réaction égoïste, arrogante, ou individualiste, qu'elle soit intentionnelle ou le résultat de la négligence, peut être considérée comme maléfique. Ces réactions prennent le dessus lorsque nous laissons nos peurs nous dominer - la peur du manque, de la trahison, du rejet, de l'amour, de l'insuffisance, ou encore de décevoir.

La stratégie du diable, bien qu'aussi ancienne

que le monde, demeure d'une efficacité déconcertante : elle consiste à alimenter le doute et à semer la peur, nous poussant ainsi à prendre de mauvaises décisions. Cette constatation souligne l'importance de contrôler nos pensées et nos émotions, et l'importance de développer des mécanismes de résilience pour affronter les défis de la vie.

L'histoire de Joseph, fils de Jacob, telle qu'elle est narrée dans l'Ancien Testament, incarne cette vérité de manière poignante. Lorsque ses frères ont conspiré contre lui, ils l'ont vendu à une caravane de marchands, transformant le fils chéri en esclave pour l'Égypte. On peut imaginer Joseph, homme droit qui n'a jamais cherché à nuire à quiconque, arraché à sa famille et contraint de travailler comme esclave dans un pays étranger. Pourtant, malgré cette épreuve cruelle, Joseph ne se laisse pas abattre. Au contraire, il sert fidèlement son nouveau maître, Potiphar.

Impressionné par son travail, Potiphar promeut Joseph à la tête de ses serviteurs. Malheureusement, cette promotion attire l'attention de la femme de Potiphar. Loyal et dévoué à Dieu, Joseph résiste à ses avances. La femme, frustrée, l'accuse à tort et Joseph se retrouve en prison. Une fois encore, Joseph est confronté à une situation apparemment injuste. Néanmoins, il garde sa foi en Dieu. Après avoir correctement interprété un rêve du pharaon, il est propulsé au rang de second de l'Égypte, chargé de gérer une période à venir de sept ans d'abondance suivie de sept ans de famine.

La famine est si sévère que même les pays voisins viennent chercher de l'aide en Égypte. C'est alors que Joseph retrouve ses frères. Après avoir observé le changement en eux, il leur dit : « Ne soyez pas fâchés de m'avoir vendu pour être conduit ici, car c'est pour vous sauver la vie que Dieu m'a envoyé devant vous... » (Genèse 45:5-8).

Joseph, avec sa sagesse, sa patience et sa foi inébranlable en Dieu, force notre admiration. Au-delà de la douleur et de l'injustice, il a discerné la main de Dieu guidant chaque événement de sa vie vers un dessein plus grand. Il n'a pas pu contrôler les circonstances, mais il a toujours su maîtriser sa réponse à celles-ci. Son choix de rester fidèle à Dieu, même dans les moments les plus sombres, a fait de lui une source de bénédictions pour sa famille et toute une nation. Son exemple devrait nous inspirer à percevoir nos épreuves sous un jour différent et à les accepter avec dévotion. Car qui sait si ces défis ne seront pas, finalement, pour notre bien ?

Cette période de retrait forcé a offert une occasion propice pour se questionner sur nos agissements et nos aspirations. À l'instar d'un diamant qui brille plus intensément sur une toile sombre, nos vertus et nos vices se révèlent davantage à travers les épreuves. Ces moments ardues mettent en exergue nos réactions, qu'elles soient constructives ou destructrices.

Étant donné que notre aptitude à déterminer ce qui est bénéfique pour nous est limitée, la meilleure approche face à une situation qui semble sans issue est de persévérer avec foi en Jésus-Christ. Cette foi nous encourage à tenir bon, avec la conviction que, au final, « toutes choses concourent au bien de ceux qui aiment Dieu » (Romains 8:28). Gardons à l'esprit que ces paroles sont celles de Paul, qui passa la fin de sa vie emprisonné à Rome. De la même manière, dans le Livre de Mormon, Abinadi demeura fidèle toute sa vie, jusqu'à être brûlé sur le bûcher. Joseph Smith, le prophète du rétablissement, trouva la mort, fusillé en prison. La foi ne signifie pas nécessairement que chaque épreuve se terminera de manière heureuse. Mais elle nous donne la certitude que Dieu, qui a tout pouvoir, veille sur nous et qu'il nous délivrera à sa façon.

Comme l'a si bien dit Elder David A. Bednar : « Une foi robuste au Sauveur implique d'accepter de nous soumettre à sa volonté et à son timing, même si le résultat n'est pas celui que nous avions espéré ou voulu. » Elle nous permet de « surmonter, grâce au sacrifice expiatoire du Seigneur Jésus-Christ, la tendance de 'l'homme naturel' (Mosiah 3:19) que nous avons tous en nous, à réclamer impatiemment et à insister sans relâche pour obtenir les bénédictions que nous désirons et pensons mériter. » (Liahona Aout 2016, accepter le plan et le calendrier du seigneur)

Cette foi est magnifiquement illustrée par Shadrach, Meshach et Abed-Nego. Lorsqu'ils ont été menacés d'être jetés dans une fournaise ardente par Nebucadnetsar pour n'avoir pas adoré la nouvelle idole du roi, ils ont répondu : « Notre Dieu que nous servons peut nous délivrer de la fournaise ardente, et il nous délivrera de ta main, ô roi. Et si ce n'est pas le cas, sache, ô roi, que nous ne servirons pas tes dieux, et que nous n'adorerons pas la statue en or que tu as dressée. » (Daniel 3:17-18, italique ajouté)

Il peut nous sembler que les épreuves ne font qu'entraver notre courte existence. Cependant, pour Dieu, cette vie, ponctuée d'épreuves, est partie intégrante d'un processus de progression éternelle.

Alma l'exprime ainsi : « Car voici, cette vie est le temps que les hommes ont pour se préparer à rencontrer Dieu ; oui, voici, le jour de cette vie est le jour où les hommes doivent accomplir leur travail [...] car après ce jour de vie, qui nous est donné pour nous préparer pour l'éternité, voici, si nous ne faisons pas un meilleur usage de notre temps pendant cette vie, alors vient la nuit de ténèbres où aucun travail ne peut être accompli. » (Alma 34:32-33)

Dans ce passage, "le jour de cette vie" met en évidence l'éphémère de notre existence par rapport à l'éternité. Néanmoins, "nous préparer pour l'éternité" souligne l'importance spirituelle de ce bref "jour" qui déterminera notre destinée éternelle.

Lorsque nous parvenons à maîtriser nos réactions face aux aléas de la vie, nous sommes en mesure de prendre du recul sur notre situation. C'est alors que nous apprenons à considérer les épreuves à travers notre vision spirituelle.

Mais comment y parvenir ? Le Seigneur explique à Enoch : « Oins-toi les yeux d'argile, et lave-les, et tu verras. Et il le fit. Et il vit les esprits que Dieu avait créés ; et il vit aussi des choses qui n'étaient pas visibles à l'œil naturel » (Moise 6:35-36). En lui ordonnant de se laver les yeux, Dieu enseigne à Enoch une leçon cruciale : on ne peut percevoir les réalités spirituelles si notre vision est obscurcie par les éléments terrestres. Les réalités spirituelles nous sont dévoilées lorsque nous nous purifions et choisissons de respecter les commandements de Dieu. Ce n'est qu'alors que nous pouvons voir les situations telles que Dieu les voit. Ainsi, plus nous nous rapprochons de Dieu, plus nous sommes à même de comprendre que "le Seigneur agit de multiples façons pour sauver son peuple" (Alma 24:27). Ce qui peut initialement apparaître comme des revers et des difficultés prend alors tout son sens.

Dans le Livre de Mormon, le récit de Moroniah succédant à son père Moroni en tant que général en chef des armées fournit un aperçu révélateur. Moroniah, animé de la même détermination que son père, anticipait de poursuivre les victoires militaires de celui-ci. Toutefois, malgré une dévotion aussi fervente, il n'a pas rencontré le même succès dans ses entreprises. Le texte nous raconte que Moroniah, voyant son peuple se repentir, tenta de les conduire de place en place, de ville en ville, jusqu'à ce qu'ils aient récupéré la moitié de leurs biens et de leurs terres. Cependant, dans la soixante-deuxième année du règne des juges, Moroniah n'a plus réussi à reprendre de possessions aux Lamanites. Au lieu de cela, il fut contraint de concentrer toutes ses forces sur la défense des territoires qu'il avait déjà récupérés (Hélaman 4:16-19).

Il est facile d'imaginer la désillusion de Moroniah. Pourquoi n'a-t-il pas pu égaler les exploits de son père ? Était-il un guerrier moins compétent ? Avait-il commis des erreurs stratégiques ? Cependant, cet échec apparent a ouvert la voie à Néphi et Léhi, deux grands missionnaires de l'époque, qui ont pu prêcher l'évangile aux envahisseurs. En partageant leurs expériences et leur savoir, ils ont convaincu une grande partie des Lamanites, qui ont alors déposé leurs armes, renoncé à leurs traditions belliqueuses et cédé leurs terres aux Néphites (Hélaman 5:50-52). C'est ainsi que, par l'intermédiaire de ce que l'on pourrait considérer comme l'"échec" de Moroniah, des milliers de personnes ont découvert la vérité et les Néphites ont récupéré leurs terres sans effusion de sang.

Il est essentiel de se rappeller que pendant que nous développons notre vision spirituelle et confrontés à notre limitation humaine à juger correctement les circonstances temporelles, il serait sage d'arrêter de se lamenter sur les événements qui peuvent sembler injustes. Au lieu de cela, nous devrions concentrer notre énergie sur ce qui est éternel et inaltérable.

2. La foi, seule ancre viable dans les tempêtes

Lorsque les deux mois de confinement se sont abattus sur nous, nous avons été forcés à une inactivité sans précédent. Écoles, crèches, services publics ont fermé leurs portes ; les entreprises ont déployé le télétravail ; les événements sportifs ont été annulés ; cinémas, salles de sport, restaurants et commerces non alimentaires ont été fermés. Dans le même temps, les marchés boursiers ont vécu leur pire effondrement depuis la crise financière de 2008, certaines semaines étant même considérées comme parmi les plus douloureuses jamais connues par l'économie mondiale.

Des activités qui occupaient une grande partie de mon temps ont soudainement disparu. Les bulletins quotidiens de la NBA ont cessé d'être diffusés. Les nouvelles économiques évoquaient une possible faillite des banques, menaçant ainsi de réduire à néant mes économies en un instant.

Au cours d'une promenade avec mon fils, j'ai échangé avec un voisin sur la situation actuelle. D'une manière philosophe, il exprima l'espoir que cette crise nous serve à recentrer notre attention sur les fondements de nos vies et à nous libérer des distractions souvent superflues qui peuplent nos quotidiens.

Cela m'a rappelé les paroles de Thomas S. Monson, qui a mis en lumière les véritables priorités de notre existence : « Comparées aux vérités éternelles, la plupart des questions et des préoccupations de la vie quotidienne sont plutôt futiles. Qu'allons-nous manger ce soir ? De quelle couleur va-t-on repeindre le salon ? Doit-on inscrire Johnny au football ? L'importance de ces questions, et de tant d'autres du même genre, s'estompe quand les jours de crise arrivent, quand des êtres aimés sont blessés, quand la maladie frappe le foyer en bonne santé, quand la chandelle de la vie faiblit et que l'obscurité menace. Nos pensées se concentrent et il nous est facile de distinguer ce qui est vraiment important de ce qui est simplement futile. » (La course de la vie, CG avril 2012)

En méditant sur ma propre situation, j'ai découvert que ce qui compte vraiment pour moi, ce sont ma famille, ma foi et ma santé. Cependant, je suis pleinement conscient que beaucoup d'autres sont aux prises avec des situations bien plus complexes, affrontant la solitude, la maladie ou parfois les deux, sans avoir les mêmes bénédictions que moi. Cette prise de conscience m'a mené à une conclusion fondamentale : la seule chose qui ne peut jamais m'être arrachée est ma foi en Dieu et en son fils Jésus-Christ.

La foi, en étant l'unique aspect de notre vie qui demeure intouchable, doit naturellement devenir l'assise sur laquelle notre vie repose. Ce n'est qu'elle qui peut nous conférer une robustesse renforcée face aux adversités. La foi ne se manifeste pas seulement en paroles, mais de manière très concrète dans nos vies, comme en témoignent de nombreux récits scripturaires.

C'est la foi qui a permis à Moïse de fendre les eaux de la Mer Rouge, offrant un passage aux Israélites quand tout semblait perdu. C'est cette même foi qui a permis à Daniel de faire taire les lions et à un père éploré de voir son enfant guéri (Marc 9:24). La foi est l'ingrédient essentiel de tous les miracles évoqués dans Hébreux 11. Elle a le pouvoir de "déplacer des montagnes" de soucis et de désespoir, d'apaiser les tempêtes et les mers tumultueuses que la vie peut souvent déclencher.

C'est par la foi que nous pouvons "espérer avec conviction un monde meilleur, oui, une place à la droite de Dieu, espérance qui émane de la foi et qui constitue une ancre pour l'âme des hommes, les rendant fermes et stables, toujours prolifiques en bonnes œuvres, conduits à glorifier Dieu" (Ether 12:4).

C'est grâce à la foi que des millions de personnes affrontent chaque jour de nouveaux défis et continuent d'avancer en dépit des difficultés et des épreuves, car ils ont compris que cette vie n'est qu'un court intervalle dans notre progression éternelle. Ils se souviennent que Jésus a le pouvoir de nous apporter la sagesse, la connaissance, la patience, la persévérance, l'amour et toutes les qualités dont nous avons besoin pour transcender les épreuves. Ils se remémorent la promesse de Dieu consignée par Ésaïe : "Une femme peut-elle oublier l'enfant qu'elle allaite ? Manquerait-elle de compassion pour l'enfant qu'elle a porté ? Même si elle l'oubliait, moi, je ne t'oublierai pas. Voici, je t'ai inscrite sur mes mains ; tes remparts sont constamment devant moi" (Ésaïe 49:15-16).

C'est en vertu de sa foi qu'Abraham a quitté "son pays, sa parenté, la maison de son père" (Abraham 2:3), animé par un désir intense de vivre conformément aux commandements divins. En réponse à la volonté déterminée d'Abraham, manifestée par des actes de justice concrets, Dieu lui a révélé : "Et il y en avait un parmi eux qui était semblable à Dieu, et il dit à ceux qui étaient avec lui : Nous descendrons, car il y a de l'espace là-bas, nous prendrons de ces matériaux, et nous ferons une terre sur laquelle ceux-là pourront habiter ; nous les mettrons ainsi à l'épreuve, pour voir s'ils feront tout ce que le Seigneur, leur Dieu, leur commandera" (Abraham 3:24-25).

Cette révélation nous instruit d'une vérité fondamentale : l'accomplissement ultime dans la vie ne réside pas dans l'acquisition d'une somptueuse maison au bord de la mer, avec une piscine à débordement où l'on sirote des cocktails, ni dans la possession du dernier modèle de voiture, de smartphone ou d'autres gadgets technologiques. La richesse ne se mesure pas à un solde bancaire à six chiffres, à la célébrité, à être le plus suivi sur Twitter, le plus aimé sur Facebook ou à obtenir le plus de vues sur YouTube. Bien que ces éléments puissent rendre la vie plus agréable, ils ne définissent pas la réussite d'une vie. Le seul critère d'évaluation authentique réside dans l'obéissance aux commandements de Dieu. Bien sûr, l'existence humaine comporte des besoins fondamentaux à combler. Selon Maslow, il en existe cinq, hiérarchisés comme suit :

1. Besoins physiologiques ou vitaux
2. Besoins de sécurité et de protection
3. Besoin d'amour et d'appartenance
4. Besoin d'estime de soi
5. Besoin d'accomplissement personnel

Dans ma recherche pour comprendre le concept de "besoin", j'ai consulté les définitions fournies par le Larousse :

1. "Exigence issue d'un sentiment de manque, de privation de quelque chose qui est indispensable à la vie organique"
2. "Sentiment de privation qui incite à désirer ce qui semble faire défaut ; nécessité impérative"

N'est-ce pas intéressant de constater que ces définitions mettent en lumière la dimension subjective du manque ? Nous nous engageons dans une quête perpétuelle pour combler ces besoins, car nous ressentons ces sentiments de manque. Pourtant, dans notre poursuite effrénée de la satisfaction, nous négligeons souvent le conseil de Jésus à Marthe que nous pouvons adopter : "Marthe, Marthe, tu te soucies et tu t'agites pour beaucoup de choses. Une seule chose est nécessaire." (Luc 10:41-42)

Cette "seule" chose essentielle, telle que le Seigneur l'a expliqué à Abraham, est de veiller à ce que notre existence s'aligne avec la volonté de Dieu. Pourquoi est-ce si crucial ? Car cette seule action peut satisfaire tous nos besoins en même temps.

Lorsque nous menons une vie que Dieu cautionne, Il nous offre alors ces garanties :

1. Craignez-vous de manquer de nourriture ? « Ne vous souciez pas de ce que vous mangerez ni de ce que vous porterez. La vie ne dépasse-t-elle pas la nourriture, et le corps ne dépasse-t-il pas les vêtements ? Observez les oiseaux du ciel : ils ne sèment pas, ni ne moissonnent, ni n'amassent en granges, et votre Père céleste les nourrit. N'avez-vous pas beaucoup plus de valeur qu'eux ? » (Matthieu 6:25-26)

2. Craignez-vous que des événements douloureux vous surviennent ? « Une femme oublierait-elle son nourrisson, sans compassion pour l'enfant de ses entrailles ? Même si elle l'oubliait, Moi, je ne t'oublierai pas. Regarde, je t'ai gravée sur mes paumes ; tes murs sont toujours en ma présence. » (Ésaïe 49:15-16)

3. Vous sentez-vous seul ? « Et maintenant, à cause de l'alliance que vous avez conclue, vous serez appelés enfants du Christ, ses fils et ses filles ; car aujourd'hui, il vous a spirituellement engendrés ; vous dites que votre cœur a changé par la foi en son nom ; c'est pourquoi vous êtes nés de lui et êtes devenus ses fils et ses filles. » (Mosiah 5:7)

4. Craignez-vous de ne pas avoir de valeur ? « Mais vous, vous êtes une lignée choisie, un sacerdoce royal, une nation sainte, un peuple

que Dieu s'est acquis, afin que vous annonciez les louanges de celui qui vous a appelés des ténèbres à son admirable lumière. Vous qui autrefois n'étiez pas un peuple, mais qui êtes maintenant le peuple de Dieu. » (1 Pierre 2:9-10)

5. Avez-vous l'impression d'être condamné à la médiocrité ? « Oui, venez à Christ, et soyez perfectionnés en lui, refusez toute impiété ; et si vous refusez toute impiété et aimez Dieu de tout votre cœur, de toute votre pensée et de toute votre force, alors sa grâce vous suffit, afin que par sa grâce vous soyez parfaits en Christ ; et si, par la grâce de Dieu, vous êtes parfaits en Christ, vous ne pouvez en aucune façon nier la puissance de Dieu. » (Moroni 10:32)

Dans le Livre de Mormon, Jacob articule un principe important : « Plutôt que de chercher la richesse, recherchez en premier lieu le royaume de Dieu. Et une fois que vous aurez trouvé l'espérance en Christ, vous acquerrez la richesse, si vous la désirez ; mais vous la convoiterez dans le but de faire le bien - pour habiller ceux qui sont démunis, nourrir ceux qui ont faim, libérer les prisonniers, et apporter du réconfort à ceux qui sont malades et affligés. » (Jacob 2:18-19)

Nous pourrions remplacer le mot « richesse » par d'autre éléments - l'éducation, la réussite professionnelle, la reconnaissance sociale et les besoins précédemment mentionnés -. Ces éléments ne sont pas mauvais en eux-mêmes. Cependant, leur poursuite devrait toujours être subordonnée à la recherche du royaume de Dieu. Autrement dit, ce qui est important n'est pas de les rejeter, mais plutôt de les positionner correctement dans notre système de valeurs. L'objectif devrait être de mettre en premier lieu notre relation avec Dieu, et ensuite, avec cette relation établie, de chercher ces autres choses en ayant Dieu comme guide.

Cette prise de conscience m'a conduit à une nouvelle compréhension de ce que signifie réellement la richesse. Elle m'a fait réaliser que la véritable abondance ne réside pas nécessairement dans le montant affiché sur notre compte bancaire. En fait, si nous sommes constamment préoccupés par l'argent, cette obsession finit par nous contrôler. Elle nous rend esclaves de notre propre désir de richesse.

Considérons, par exemple, le fait d'avoir des millions sur notre compte. On pourrait penser que cela apporte une sécurité indéniable. Cependant, si chaque nouveau jour commence avec la crainte qu'une future crise financière puisse tout nous enlever, alors où est réellement la sécurité dans cette richesse ? Ce genre de préoccupation constante peut nous priver de la véritable joie et de la paix de l'esprit.

La véritable richesse, alors, se trouve dans le contentement de vivre selon nos moyens - non pas dans une extrême privation, mais en trouvant un équilibre et en étant reconnaissant pour ce que nous avons. Comme l'a si bien exprimé un prêtre catholique, "nul n'est trop pauvre pour donner, ni trop riche pour recevoir". Cette citation nous rappelle l'importance de l'humilité et du partage, quelle que soit notre situation financière.

Finalement, les épreuves de la vie, bien que difficiles, peuvent jouer un rôle positif en nous aidant à débarrasser notre existence de ses frivolités. Elles peuvent nous inciter à nous recentrer sur ce qui est vraiment important - les choses éternelles qui apportent un bonheur durable. Ces choses peuvent inclure notre relation avec Dieu, nos relations avec les autres, et l'amour et le service que nous apportons au monde.

3. Découvrir la joie durable à travers les épreuves

Lorsque le confinement a été annoncé, notre Président a parlé d'une guerre contre le virus. Il s'agissait sans doute d'une tentative de sensibilisation des Français à la gravité de la situation. Les informations diffusées en boucle rapportaient sans relâche le nombre de victimes et de blessés, alors que les récits de guérisons grâce aux soignants étaient plus rares. Ce flux continu de nouvelles a semé le doute et l'inquiétude chez beaucoup, accompagné par la peur d'être infecté ou de voir un être cher tomber malade. Isolées, les personnes âgées n'ont pas toujours bénéficié de l'aide nécessaire, intensifiant notre stress. La routine réconfortante de la vie quotidienne a été bouleversée, et nous avons dû affronter ces difficultés.

La valeur des épreuves réside précisément dans leur capacité à déstabiliser notre routine habituelle. Si nos habitudes structurent notre vie quotidienne, certaines, sans que nous nous en rendions compte, peuvent devenir nuisibles en raison de notre complaisance dans le confort qu'elles procurent. Un des effets bénéfiques des adversités est illustré par cette phrase : "Le Seigneur n'allait plus [nous] permettre de trouver du bonheur dans le péché" (Mormon 2:13). Il convient de noter ici que le péché n'est pas toujours une transgression majeure. Comme l'a enseigné Jacques, "Celui donc qui sait faire ce qui est bien, et qui ne le fait pas, commet un péché" (Jacques 4:17). Il peut s'agir de lacunes dans notre comportement ou nos actions, qui nécessitent un perfectionnement constant. Cela peut impliquer une pratique plus régulière de la prière, une étude plus profonde des Écritures, un comportement plus aimable, une gratitude plus manifeste ou une discipline physique plus rigoureuse.

En d'autres termes, si une habitude ne procure qu'un bonheur éphémère, alors ce n'est pas une bonne habitude. Par exemple, disons que votre réveil n'a pas sonné et que vous devez courir pour attraper le bus. Vous pourriez maugréer intérieurement, vous demandant pourquoi cela vous arrive. Si vous avez l'habitude de fréquenter les fast-foods, l'excès de poids peut vous faire réaliser que la satisfaction immédiate d'un hamburger n'était pas la meilleure option. Par contre, si vous pratiquez régulièrement une activité physique, votre corps vous sera reconnaissant de cette discipline imposée. Ainsi, les épreuves nous aident à distinguer clairement les bonnes habitudes des mauvaises. La prochaine fois que votre réveil ne sonne pas, pensez à remercier Dieu !

Une crise est donc une occasion d'évolution. Si les sources habituelles de notre paix et de notre joie cessent de nous satisfaire, c'est un signe qu'elles ne sont pas viables ; il est de notre responsabilité de chercher de nouvelles voies à emprunter. Jésus a expliqué à ses disciples en Amérique que lorsque les hommes s'engagent dans des œuvres qui ne sont pas basées sur son Évangile, et sont plutôt centrées sur les œuvres des hommes ou du diable, "ils trouvent de la joie dans leurs œuvres pendant un certain temps, et bientôt la fin arrive" (3 Néphi 27:11). Les actions qui n'apportent qu'une satisfaction et un bonheur éphémères sont loin de ce que Jésus propose. Au contraire, il nous offre : "Celui qui boira de l'eau que je lui donnerai n'aura jamais soif, et l'eau que je lui donnerai deviendra en lui une source d'eau qui jaillira jusque dans la vie éternelle" (Jean 4:14) et "Je suis le pain de vie. Celui qui vient à moi n'aura jamais faim," (Jean 6:35)

Russell M. Nelson renforce cette idée : "La joie que nous ressentons dépend peu de notre situation, mais entièrement de l'orientation de notre vie. Lorsqu'elle est centrée sur le plan du salut de Dieu et sur Jésus-Christ [...] et sur son Évangile, nous pouvons connaître la joie, quoi qu'il arrive — ou n'arrive pas — dans notre vie. La joie vient de lui et grâce à lui."

Hélaman, dans son message à ses fils, précise où se trouve le fondement d'une joie durable : "Et maintenant, mes fils, souvenez-vous, souvenez-vous que c'est sur le roc de notre Rédempteur, qui est le Christ, le Fils de Dieu, que vous devez bâtir votre fondation ; afin que lorsque le diable enverra ses vents puissants, oui, ses traits dans le tourbillon, oui, lorsque toute sa grêle et sa puissante tempête s'abattront sur vous, cela n'ait aucun pouvoir sur vous, pour vous entraîner en bas jusqu'au gouffre de misère et de malheur sans fin, à cause du roc sur lequel vous êtes bâtis, qui est une fondation sûre, une fondation telle que si les hommes construisent sur elle, ils ne peuvent tomber" (Hélaman 5:12).

Comme l'a si bien dit Abraham Lincoln : "La plupart des gens sont aussi heureux qu'ils décident de l'être". Nous choisissons de "posséder la joie" (2 Néphi 2:25) lorsque nous nous tournons vers Jésus-Christ et que nous bâtissons notre vie sur son Évangile.

Le Christ est la source de joie, même lorsque notre monde semble s'effondrer autour de nous. Sa force réside dans son amour inconditionnel, sa présence constante, et sa promesse de nous accompagner à travers nos épreuves. Lorsque nous nous approchons de lui avec foi et humilité, il nous enveloppe de sa grâce, nous apporte du réconfort et nous offre sa guérison.

Sa vie sur terre illustre de manière puissante la persévérance, la résilience et la victoire sur l'adversité. Il a porté nos fardeaux, a connu la souffrance et a été blessé à cause de nos transgressions. Par son sacrifice expiatoire, il a ouvert la voie de la rédemption et de la paix pour tous ceux qui placent leur foi en lui.

Ainsi, lorsque les défis de la vie semblent insurmontables, nous pouvons trouver du réconfort en nous reposant sur la présence du Christ. En lui permettant de guider nos pas et en plaçant notre confiance en lui, nous découvrons qu'il est une source de paix profonde, de force intérieure et de vision éternelle. Sa grâce nous donne la capacité de surmonter les difficultés et de découvrir la joie même au cœur des tempêtes.

En cherchant la proximité du Christ, en méditant sur ses enseignements et en nous efforçant de suivre son exemple, nous obtenons la force et le réconfort nécessaires pour affronter les défis de la vie. Il est notre source ultime de joie et d'espoir, et il nous appelle à nous tourner vers lui dans toutes les circonstances de notre existence.

Un principe qui a été source d'une joie authentique pour moi durant cette période est la pratique de la gratitude. Ce concept est fréquemment mis en avant dans les Écritures, et est particulièrement souligné dans Doctrine et Alliances 59. Il est écrit : « Tu rendras grâce au Seigneur, ton Dieu, en toutes choses », et que « rien n'irrite plus Dieu ni ne suscite plus sa colère que ceux qui ne reconnaissent pas sa main en toutes choses et n'obéissent pas à ses commandements » (versets 7 et 21). À ce propos, l'Elder Renlund a observé : « Je ne crois pas que Dieu se sente offensé quand nous oublions de le remercier, mais je pense qu'il est profondément déçu. Il sait que nous manquons l'occasion de nous rapprocher de lui en se souvenant de lui et de sa bonté. Nous passons alors à côté de la chance de le laisser se rapprocher de nous et de recevoir les bénédictions qu'il a spécifiquement promises ».

Comment pourrions-nous exprimer notre gratitude en toutes choses ? En admettant humblement que notre perception est limitée et en plaçant notre foi en Dieu. Cette foi suppose que nous croyons que chaque situation, aussi difficile soit-elle, finira par porter des fruits positifs, même si nous ne le voyons pas immédiatement.

Laissez-moi vous raconter l'histoire d'une personne submergée par une lourde charge de travail. Malgré le soutien de sa famille, ses responsabilités professionnelles et personnelles ne lui laissaient que peu de temps pour son étude approfondie de la Bible, un objectif qui lui tenait à cœur. Elle se demandait comment elle pourrait réaliser ce projet. Après de nombreuses prières, elle tomba malade. Son état la força à rester alitée pendant plusieurs jours. Ce qui semblait initialement être une "malchance" s'est révélé être une bénédiction inattendue : elle disposa finalement du temps nécessaire pour se plonger dans l'étude de la Bible.

Choisir la gratitude, c'est adopter la philosophie du singe Rafiki qui nous pousse à "voir au-delà de ce que tu vois". Dans cette perspective, l'arc-en-ciel se révèle derrière la pluie qui tombe. Nous reconnaissons l'amour véritable et le soutien de ceux qui nous entourent, malgré la maladie. Nous discernons les opportunités qui germent au cœur des crises. Nous saisissons le dévouement de notre partenaire, même lorsqu'il est en colère. Nous ressentons la présence de Dieu dans les moments sombres.

Cette perspective n'est pas naïve, irréaliste ou démesurément optimiste. Au contraire, c'est une vision qui promeut la sagesse et qui alimente le bonheur. Mon expérience personnelle m'a montré que lorsque nous adoptons cette attitude, les situations qui nous semblent désespérées ne le sont plus autant. Elles ne perdent pas de leur importance, mais nous parvenons à les traverser avec plus de sérénité, plus de confiance et parfois même, à en tirer des enseignements précieux.

Lorsque vous vous retrouvez face à des situations complexes et qui semblent sans issue, je vous encourage à établir une liste des choses pour lesquelles vous êtes reconnaissant. Même si au départ, cette liste peut paraître courte, l'acte même de la mettre par écrit va permettre de l'étoffer.

Ceci est étayé par une étude menée par les psychologues Robert A. Emmons et Michael E. McCullough, qui ont constaté que le simple fait d'écrire régulièrement des choses pour lesquelles nous sommes reconnaissants peut avoir un impact significatif sur notre bien-être global. Leur recherche suggère que la pratique de la gratitude, non seulement améliore notre perspective sur les événements de la vie, mais favorise aussi notre santé physique. C'est une démarche concrète qui vous permettra de vous recentrer, d'ouvrir votre esprit à plus de positivité, et de renforcer votre résilience face aux défis de la vie.

Voici une petite liste des choses pour lesquels je suis personnellement reconnaissant :

- Le privilège d'être en bonne santé, un don qui n'est pas donné à tous et que je chéris chaque jour.

- La certitude d'avoir de la nourriture sur ma table à chaque repas, une bénédiction que je n'oublie jamais d'apprécier.

- Le confort de mon lit qui m'accueille chaque soir, offrant un havre de repos nécessaire après une longue journée.

- L'opportunité de faire un métier qui m'inspire et me stimule, qui fait plus que simplement remplir ma vie professionnelle, mais qui donne du sens à mon existence.

- L'amour et le soutien de ma famille et de mes amis, qui sont toujours présents pour partager les joies, les peines, les défis et les triomphes de la vie.

- Le privilège de pouvoir passer du temps de qualité avec mon fils, en m'occupant de lui pendant que ma femme travaille à domicile. Cette expérience a élargi ma perspective et renforcé mon admiration pour le dévouement de ma femme.

- L'appréciation de la nature lors de notre escapade à la campagne, où le chant des oiseaux et le calme environnant m'ont offert un ressourcement précieux.

- La reconnaissance envers cette période de crise, qui, malgré ses défis, m'a accordé le temps de rédiger ce livre. Un projet qui m'a permis de réfléchir, de grandir et de partager mes pensées.

- La gratitude pour les moments de calme et de réflexion, qui me permettent de réaliser l'importance des petites choses de la vie.

- L'appréciation des sourires et des rires partagés, des paroles de soutien et d'encouragement, des gestes d'amour et de bienveillance qui illuminent mes journées.

Et la liste pourrait continuer, car chaque jour apporte son lot de nouvelles choses à apprécier. Et maintenant à vous de jouer ! Prenez un moment pour réfléchir à votre propre liste de gratitude et voyez combien elle peut rapidement s'étoffer.

Ma mission religieuse de deux ans en Afrique m'a permis de constater un fait intéressant : souvent, ce sont les individus les plus démunis sur le plan matériel qui débordent de gratitude. Paradoxalement, ils semblent aussi les plus heureux. J'en ai conclu que leur joie provenait de leur capacité à apprécier sincèrement les biens modestes qu'ils possédaient et à y reconnaître les bénédictions divines. Ainsi, lorsqu'on nous prive de nos biens matériels, de notre santé, ou même de nos êtres chers, nous réalisons que notre bonheur véritable ne dépend pas de ces éléments temporaires, mais bien de notre faculté à percevoir et à accueillir l'amour de Dieu dans notre existence. Comme le mentionne un passage de l'Écriture : « Car tout périra ; mais la charité est l'amour pur du Christ, et elle demeure éternellement ; et quiconque est trouvé la possédant au dernier jour, tout ira bien pour lui » (Moroni 7:46-47).

Laissez-moi vous partager une expérience récente qui illustre ce principe. Trois semaines avant le début du confinement, nous avions pris rendez-vous pour une révision de notre voiture. Mais un incident est survenu : alors que mon épouse allait chercher notre fils à la crèche, la pédale d'embrayage a cédé, rendant le démarrage de la voiture impossible. Obligé de quitter l'école plus tôt pour venir en aide à ma famille, j'ai ressenti une étrange sérénité, une voix intérieure murmurant « tout cela est pour ton bien ». Notre véhicule a été remorqué jusqu'au garage, mais le mécanicien n'avait pas la pièce requise en stock et l'attente était d'une semaine. Ma femme a contacté un autre garage qui, lui, disposait de la pièce et pouvait nous rendre la voiture le lendemain. Une fois la voiture arrivée, le mécanicien nous a alertés sur l'état de nos pneus, totalement usés. C'est à ce moment-là que j'ai compris le sens caché de notre mésaventure : nous devions remplacer nos pneus depuis longtemps mais avions négligé de le faire. On ne saura jamais si le retour de la crèche aurait pu tourner au drame à cause d'une crevaison. En revanche, nous avons ressenti une protection divine derrière cette panne. Non seulement notre voiture a été réparée plus rapidement que prévu et à moindre coût, mais nous avons également eu de nouveaux pneus. Un timing parfait puisque la semaine suivante débutait le confinement, et nous n'aurions pas pu nous retirer à la campagne sans ces réparations.

Cette aventure nous a rappelé l'omniprésence de la main protectrice de Dieu dans notre vie. Même dans l'adversité, en mettant notre foi en Lui, nous pouvons reconnaître ses bienfaits et avoir la conviction qu'Il veille sur nous. Nous sommes infiniment reconnaissants pour les leçons apprises à travers cette expérience et pour la protection divine dont nous avons bénéficié

Deuxième partie :

Révéler notre potentiel caché grâce aux épreuves

La traversée des épreuves de la vie nous expose souvent à des moments d'incertitude et de profonde introspection. Elles nous amènent à questionner nos aptitudes, notre savoir-faire et notre valeur intrinsèque. C'est dans ces instants de remise en question que nous prenons conscience que les outils nécessaires pour surmonter les obstacles ne se situent pas à l'extérieur, mais résident bien au creux de notre être.

Face aux défis, nous sommes amenés à fouiller nos réserves intérieures, à mobiliser notre potentiel insoupçonné et à révéler des facettes de notre caractère qui nous étaient peut-être inconnues jusqu'alors. Les épreuves sont des invitations à l'élargissement de nos horizons, à la recherche de solutions ingénieuses, à la démonstration de résilience et à la mobilisation de la force pour avancer.

En confrontant nos limites, nous découvrons souvent que nous possédons une force et des capacités supérieures à ce que nous avions initialement estimé. Les défis agissent comme des révélateurs de notre véritable potentiel, offrant des occasions d'évolution et de perfectionnement. Ils nous incitent à repousser nos propres frontières et à adopter de nouvelles compétences, attitudes et perspectives.

De plus, les épreuves ont cette vertu de nous permettre de découvrir des qualités insoupçonnées non seulement en nous, mais aussi chez ceux qui nous entourent. Dans les moments les plus rudes, nous nous retrouvons fréquemment entourés de personnes offrant un soutien inattendu. Ces situations mettent en lumière l'empathie, la compassion et la générosité d'autrui. Elles nous apprennent à valoriser les forces et les vertus de notre entourage, renforçant ainsi nos liens et nourrissant notre sentiment de gratitude.

1. Comprendre qui nous sommes

La période de confinement a agi comme un miroir réfléchissant, mettant en exergue notre propre fragilité et notre impuissance face aux éléments hors de notre contrôle. Cette époque a été propice à l'introspection, nous invitant à réfléchir aux grandes interrogations existentielles : Qui sommes-nous ? Quel est le sens de notre vie ? Dans un monde qui valorise la maîtrise et le contrôle, cette expérience a servi de rappel poignant de notre vulnérabilité.

Nous vivons à une époque où notre confiance en notre technologie, notre science et nos avancées médicales est presque inébranlable, nous donnant l'illusion de l'immunité face à tout mal. Cependant, l'émergence d'un virus microscopique a rapidement dissipé ce voile d'omnipotence. Nous avons pris conscience que, malgré toutes nos avancées, nous restons vulnérables et que notre existence est fragile.

Le roi Benjamin abordait déjà cette réalité il y a de cela longtemps : "Et maintenant, je vous le demande, pouvez-vous dire quoi que ce soit pour vous-même ? Je vous réponds : non. Vous ne pouvez pas dire que vous êtes ne serait-ce qu'autant que la poussière de la terre ; pourtant, vous avez été créés de la poussière de la terre ; mais voici, elle appartient à celui qui vous a créés." (Mosiah 2:25)

Si nous sommes insignifiants, comment comprendre des versets tels que "Le Seigneur a créé la terre afin qu'elle soit habitée et il a créé ses enfants afin qu'ils la possèdent" (1 Néphi 17:36) ? Pourquoi Dieu aurait-il créé la terre pour nous si nous sommes si petits ? Pourquoi se soucie-t-il constamment de notre destinée ?

Ceci illustre un des paradoxes du message de Jésus-Christ : malgré notre insignifiance dans notre condition mortelle, nous avons le potentiel de devenir extraordinaires lorsque nous nous tournons vers Dieu : nous avons la possibilité de devenir semblables à Lui.

Reconnaître notre "état vil et déchu" (Mosiah 4:5) est une étape cruciale. En fait, c'est le premier pas vers l'élévation (Mosiah 4:5-7). Cela nous aide à développer l'humilité nécessaire pour apprendre de notre Père céleste et à faire éclore notre potentiel divin.

Lorsque Moise conversa avec Dieu, il comprit cette vérité : « Et Dieu parla à Moïse, disant : Voici, je suis le Seigneur Dieu Tout-Puissant. Infini est mon nom, car je suis sans commencement de jours ou fin d'années ; et cela n'est-il pas infini ? Et voici, ***tu es mon fils*** ; c'est pourquoi regarde, et je te montrerai l'œuvre de mes mains, mais pas tout, car mes œuvres sont sans fin, de même que mes paroles, car elles ne cessent jamais. C'est pourquoi, nul ne peut contempler toutes mes œuvres sans contempler toute ma gloire ; et nul ne peut contempler toute ma gloire et rester ensuite dans la chair sur terre. Et j'ai une œuvre pour toi, Moïse, ***mon fils*** ; tu es à l'image de mon Fils unique ; et mon Fils unique est et sera le Sauveur, car il est plein de grâce et de vérité ; mais à part moi, il n'y a pas de Dieu, et toutes choses sont présentes pour moi, car je les connais toutes. Et maintenant, voici, il y a une chose que je te montre, Moïse, ***mon fils***, car tu es dans le monde, et maintenant je te la montre. Et il arriva que Moïse regarda et vit le monde sur lequel il avait été créé ; et Moïse vit le monde, ses extrémités et tous les enfants des hommes qui sont, et qui avaient été créés ; cela l'émerveilla et l'étonna grandement. Et la présence de Dieu se retira de Moïse, de sorte que sa gloire ne fut plus sur lui, et Moïse fut laissé à lui-même. Et comme il était laissé à lui-même, il tomba sur le sol. Et il arriva que de nombreuses heures s'écoulèrent avant que Moïse ne retrouvât sa force naturelle d'homme ; et il se dit : à cause de cela, je sais que l'homme n'est rien, ce que je n'avais jamais supposé. Mais mes propres yeux ont vu Dieu ; mais pas mes yeux naturels, mais mes yeux spirituels, car mes yeux naturels n'auraient pu voir, car je me serais desséché et serais mort en sa présence ; mais sa gloire était sur moi, et j'ai vu sa face, car j'étais transfiguré devant lui. » (Moise 1:2-11)

Dans ce passage, Moïse est appelé "le fils de Dieu", une affirmation qui s'applique à nous tous : nous sommes littéralement les enfants de Dieu. Notre véritable valeur se révèle lorsque nous sommes sous l'effet de la divine présence. Absents de cette présence, nous sommes insignifiants, mais avec Dieu, nous sommes élevés au rang des entités divines dont Il espère voir l'évolution. Pour que la gloire de

Dieu nous enveloppe, nous devons suivre Ses préceptes et exécuter Sa volonté.

Face à une épreuve, deux options s'offrent à nous : compter sur nos propres forces ou placer notre confiance en Dieu et nous soumettre à Sa volonté. C'est uniquement en marchant dans les pas de Dieu que Sa gloire se manifeste en nous, mettant en lumière notre potentiel divin.

Néphi a été affermi par cette compréhension, si bien qu'il a pu proclamer hardiment à ses frères : "Si Dieu me commandait de tout faire, je pourrais le faire. S'il me commandait de dire à cette eau : Sois terre, elle serait terre ; et si je le disais, cela se ferait." (1 Néphi 17:50). Cette assurance, Néphi l'a cultivée à travers les épreuves qu'il a surmontées. Il a compris que son statut de fils de Dieu et son potentiel divin font de lui un individu remarquable, doté de la capacité d'accéder au pouvoir de Dieu. Mais tout cela n'est possible que parce qu'il a renoncé à agir selon sa propre volonté.

Le chemin vers notre état divin est parsemé de défis. L'écart entre notre nature actuelle et notre potentiel céleste est vaste, et chaque jour, nous devons nous engager à avancer et à nous améliorer.

La prise de conscience de la disparité entre notre condition actuelle et notre potentiel divin nous incite à ce que les Écritures décrivent comme "le repentir". Souvent, nous associons le repentir à de graves péchés, le percevant comme un moment pénible où nous subissons des réprimandes, nous faisant sentir comme des enfants immatures et irresponsables. Cependant, le prophète Russell M. Nelson nous rappelle que "le repentir est toujours une source de joie". En effet, il s'agit d'adopter une "nouvelle attitude envers Dieu, soi-même et la vie en général". Cette attitude renouvelée implique une perception juste de notre destinée divine et de l'amour que Dieu porte à Ses enfants. Nous découvrons alors que ses commandements sont la voie la plus directe pour nous rapprocher de Lui. Le repentir, c'est se détacher de notre ancien "moi" pour évoluer aujourd'hui vers la personne que Dieu envisage pour notre futur.

Les épreuves terrestres sont en réalité des évaluations bienveillantes offertes par Dieu pour nous permettre d'apprécier nos aptitudes. Elles tracent la voie que nous devons encore parcourir pour atteindre nos objectifs. Comme mes enseignants me l'ont souvent rappelé, le but d'une évaluation n'est pas de piéger l'étudiant, mais de lui donner une idée précise de sa performance par rapport aux connaissances qu'il est censé maîtriser. Ainsi, une évaluation devrait être source de joie. C'est une opportunité pour évaluer notre patience, notre résilience, notre persévérance, notre capacité à aimer et à pardonner, ainsi que notre aptitude à innover et à créer. Comme l'a dit un célèbre artiste, "vieillir est obligatoire, mais grandir est un choix". Suite à cette période de confinement, nous aurons tous pris de l'âge, mais j'espère que nous aurons aussi tous mûri.

Mon père a saisi ces moments de confinement pour se consacrer à des tâches que ses obligations professionnelles et personnelles habituelles ne lui permettent pas : il a œuvré intensément dans son jardin. Il a labouré la terre, élagué les arbres, planté de nouvelles fleurs, semé des salades et différents légumes. Il a nettoyé les allées avec un nettoyeur haute pression, déraciné les mauvaises herbes, construit de nouvelles bordures et a effectué une multitude d'autres tâches champêtres..

Être seul m'a offert l'opportunité de prendre soin du jardin de mon âme. Cette période d'introspection m'a permis de distinguer ce qui allait bien dans ma vie et ce que je pourrais améliorer. J'ai pris conscience de mes forces et de mes faiblesses, de mes vertus et de mes lacunes. Je ne prétends pas être sorti parfait de ce confinement, mais j'espère en être ressorti plus évolué.

Dans les moments d'épreuves, nous pouvons être tentés d'agir en contradiction avec nos valeurs personnelles, car l'adversaire sait parfaitement que c'est dans ces instants que nous sommes les plus vulnérables. Il tente d'altérer notre identité divine. C'est ainsi qu'il a cherché à convaincre Moïse : "Et il arriva que lorsque Moïse eut dit ces paroles, voici, Satan vint le tenter, disant : Moïse, fils de l'homme, adore-moi." En appelant Moïse "fils de l'homme", Satan nie sa part de divinité et cherche à lui faire oublier ses véritables capacités. La réponse de Moïse est un modèle à suivre : "Qui es-tu ? Car voici, je suis un fils de Dieu à l'image de son Fils unique ; et où est ta gloire, pour que je t'adore ?" (Moise 1:3-13)

2. Apprendre à Endurer : Vers la Liberté et la Force

Vous est-il déjà arrivé d'entendre le fameux adage : « Ce qui ne nous tue pas nous rend plus fort » ? Le dessein de Dieu est de nous rendre inébranlables. Il ne souhaite pas nous garder à jamais dans son nid céleste, mais aspire à ce que nous apprenions à voler de nos propres ailes, à devenir libres. La sagesse de notre Père céleste ne consiste pas à nous épargner toutes les difficultés de la vie. Au contraire, il nous a envoyés sur terre afin de les affronter, de gagner en expérience et de devenir autonomes. Les épreuves que nous rencontrons proviennent de diverses sources. Certaines nous sont imposées et nous n'avons aucun contrôle sur elles, telles que la maladie, les catastrophes naturelles, les conflits armés, et bien d'autres encore. D'autres difficultés sont liées à notre propre personnalité, à nos faiblesses. En réalité, notre principal adversaire est souvent, pour ne pas dire toujours, nous-mêmes. Nos propres limites et nos sentiments négatifs tels que le ressentiment, la paresse, le désespoir, l'abandon, la haine, l'injustice, la convoitise sont les principales causes de notre stagnation spirituelle (Mosiah 3:19).

Joseph Smith a été persécuté une grande partie de sa vie. Il a subi des violences physiques, des préjudices moraux. Il a été emprisonné 37 fois, insulté, méprisé, torturé et est mort en martyr. Un de ses séjours en prison a eu lieu à Liberty durant 5 mois, de décembre à avril. La cellule qu'il occupait avec d'autres détenus était exiguë ; ils ne pouvaient pas se tenir debout. La nourriture était infecte et Joseph souffrait du froid, n'ayant qu'une mince couverture à disposition. C'est dans ces conditions qu'il s'est tourné vers Dieu en ces termes : « Ô Dieu, où es-tu ? Et où est la tente qui couvre ta cachette ? Combien de temps retiendras-tu ta main ? Combien de temps ton œil, oui, ton œil pur contemplera-t-il des cieux éternels les injustices commises à l'égard de ton peuple et de tes serviteurs et ton oreille sera-t-elle pénétrée de leurs cris ? Oui, ô Seigneur, combien de temps souffriront-ils ces injustices et ces- oppressions illégales avant que ton cœur ne s'adoucisse envers eux et que tes entrailles ne soient émues de compassion envers eux ? » (D&A 121:1-3).

La réponse qu'il a reçu est déconcertante : « Mon fils, que la paix soit en ton âme ! Ton adversité et tes afflictions ne seront que pour un peu de temps ; et alors, si tu les supportes bien, Dieu t'exaltera en haut ; tu triompheras de tous tes ennemis » (7-8). Triompher de tous ses ennemis signifie surmonter toutes les difficultés de ce monde terrestre, y compris la mort elle-même. C'est précisément ce que Jésus accomplit à Gethsémané et sur la croix, en souffrant pour nous. La réponse que Joseph Smith reçut contient un élément essentiel concernant le but des épreuves auxquelles nous sommes tous confrontés sur terre, un élément que l'on retrouve également dans la lettre de Paul aux Corinthiens : « Car il faut qu'il règne jusqu'à ce qu'il ait mis tous les ennemis sous ses pieds. Le dernier ennemi qui sera détruit, c'est la mort. Dieu, en effet, a tout mis sous ses pieds ».

Vaincre ses ennemis ne veut pas dire qu'ils n'existeront plus et que nous serons toujours heureux. Jésus a pleuré sur Jérusalem lorsqu'il a constaté la méchanceté du peuple malgré tout ce qu'il leur avait enseigné (Jean 11:35). Le « Dieu du ciel » a également surpris Enoch quand il a versé des larmes à cause des mauvais choix des hommes (Moise 7:28). Mais vaincre ses ennemis revient à ce que disait Néphi « Réjouis-toi, ô mon cœur, et n'accorde plus de place à l'ennemi de mon âme. » (2 Néphi 4:28). Autrement dit, les sentiments négatifs ne régentent plus nos vies. Ils ne nous contrôlent plus, c'est nous qui avons appris à pleinement les contrôler. Pierre enseigne que « chacun est esclave de ce qui a triomphé de lui » (2 Pierre 2:19). Vaincre ses ennemis c'est donc triompher de chacun d'entre eux. Cette victoire ne s'acquiert pas par la force et la colère, mais par la foi, la persuasion, la longanimité et l'amour sincère. Des dons que le Christ offre à tous ceux qui les lui demande.

Dans le Livre de Mormon, un exemple frappant de cette dynamique est celui du peuple d'Alma. À une époque, ils vivaient en paix, respectueux des lois de Dieu, jusqu'à ce que leur terre soit assiégée par une armée de Lamanites sous la direction d'Amulon. Cet événement a marqué le début d'une époque de captivité pour le peuple d'Alma, une période d'épreuve qui est dépeinte de la manière suivante dans le livre de Mosiah : : « Et alors, il arriva qu'Amulon commença à exercer l'autorité sur Alma et ses frères, et commença à le persécuter, et à faire en sorte que ses enfants persécutent leurs enfants. Car Amulon connaissait Alma, il savait qu'il avait été l'un des prêtres du roi, et que c'était lui qui avait cru aux paroles d'Abinadi et avait été chassé de devant le roi et, pour cette raison, il était furieux contre lui ; car bien qu'il fût lui-même assujetti au roi Laman, il exerçait l'autorité sur eux, et leur imposait des corvées, et mettait sur eux des chefs de corvée.

Et il arriva que leurs afflictions étaient si grandes qu'ils commencèrent à crier à Dieu avec ferveur. Et Amulon leur commanda de cesser leurs supplications ; et il mit des gardes sur eux pour les surveiller, afin que quiconque serait découvert à invoquer Dieu fût mis à mort. Et Alma et son peuple n'élevèrent plus la voix vers le Seigneur, leur Dieu, mais lui déversèrent leur cœur ; et il connut les pensées de leur cœur. Et il arriva que la voix du Seigneur leur parvint dans leurs afflictions, disant : Relevez la tête et prenez courage, car je connais l'alliance que vous avez faite avec moi ; et je ferai alliance avec mon peuple et le délivrerai de la servitude. Et j'allégerai aussi les fardeaux qui sont mis sur vos épaules, de sorte que vous ne pourrez plus les sentir sur votre dos pendant que vous êtes en servitude ; et cela, je le ferai pour que vous soyez plus tard témoins pour moi, et que vous sachiez avec certitude que moi, le Seigneur Dieu, j'interviens effectivement en faveur de mon peuple dans ses afflictions. Et alors, il arriva que les fardeaux qui étaient imposés à Alma et à ses frères furent rendus légers ; oui, le Seigneur les fortifia, de sorte qu'ils purent supporter leurs fardeaux avec facilité, et ils se soumirent de bon cœur et avec patience à toute la volonté du Seigneur » (Mosiah 24 :8-15),

Imaginons-nous un moment dans la peau d'un esclave. Quel serait notre état d'esprit ? Personnellement, outre l'épuisement physique causé par le labeur incessant, une colère sourde contre l'injustice de ma situation m'animerait sans doute. Les chaînes de l'esclavage ne seraient pas seulement physiques, mais aussi mentales et émotionnelles, érodant la joie, l'espoir et la sérénité. Les humiliations quotidiennes, l'indignité et la perte de liberté créeraient un environnement de désespoir profond et de détresse, engendrant une colère brûlante contre les oppresseurs.

Pourtant, pour le peuple d'Alma, la réaction fut tout autre. Face à l'injustice et à l'oppression, ils ont choisi une voie différente. Plutôt que de succomber à la colère ou à la révolte, ils ont accepté leur fardeau avec patience, portant avec grâce et résilience le poids de leurs chaînes. Leur réaction est un témoignage puissant de foi et de courage.

Comment ont-ils pu faire cela ? C'est leur foi en Dieu qui leur a donné la force de faire face à leur situation avec patience et résignation. Ils savaient que Dieu était avec eux, qu'Il connaissait leur souffrance et qu'Il les délivrerait en temps voulu. Plutôt que de se rebeller contre leur sort, ils l'ont accepté, sachant qu'ils n'étaient pas seuls dans leur épreuve.

C'est là un exemple magnifique de la manière dont la foi peut nous donner la force de supporter les épreuves avec patience et dignité. Même dans les situations les plus difficiles, la foi nous donne l'espoir et la force de continuer à avancer, sachant que Dieu est à nos côtés et qu'Il nous donnera la force de surmonter toutes les épreuves que nous rencontrons.

Dans le livre d'Alma, chapitre 31, nous voyons comment certains des plus grands missionnaires du Livre de Mormon ont traversé des épreuves similaires. Le texte nous dit : « Et le Seigneur pourvut à leurs besoins, afin qu'ils n'aient pas faim ni soif ; oui, il leur donna aussi de la force, afin qu'ils ne souffrent aucune sorte d'affliction sans qu'elle ne soit engloutie dans la joie du Christ ». Ces serviteurs fidèles ont vu leurs déceptions et leurs épreuves être « englouties » par la joie du Christ.

Loin de nous l'idée que la vie soit une longue et pénible épreuve à supporter. Nous ne sommes pas destinés à lutter chaque jour pour notre survie. Bien au contraire, la vie est un don divin, un cadeau à chérir et à célébrer. Cependant, il est vrai que cette perspective peut être difficile à adopter lorsque tout semble s'effondrer autour de nous. Malgré tout, le bonheur reste à portée de main. À travers les âges, les peuples les plus épanouis sont ceux qui ont placé leur confiance en Dieu. Le peuple d'Ammon en est un parfait exemple. Comme il est dit dans Alma 27:28 : « Et ils ne considérèrent jamais la mort avec le moindre sentiment de terreur, à cause de leur espérance et de leurs convictions concernant le Christ et la résurrection. C'est pourquoi, la mort était engloutie pour eux par la victoire du Christ sur elle ».

Ainsi, quand nous nous sentons écrasés par les épreuves de la vie, tournons-nous vers le Christ. Je vous le promets, par son pouvoir, il nous donnera la force de surmonter tous nos ennemis et de marcher avec confiance vers l'avenir.

3. Cultiver l'amour et la compréhension à travers nos épreuves

La vie est un cadeau que nous sommes invités à partager. Un proverbe africain dit: « Ensemble, nous allons plus loin, seul, nous allons plus vite ». Nos interactions avec les autres nous offrent des opportunités de croissance et d'épanouissement personnel. Cependant, il semble que notre société contemporaine encourage parfois l'isolement, nous plongeant chacun dans nos propres mondes. Cet isolement peut mener à l'amertume et à la tristesse, car nous avons fondamentalement besoin des autres. Les épreuves de la vie peuvent se transformer en occasions précieuses pour développer des qualités d'empathie et d'amour qui nous permettront de vivre en harmonie avec nos prochains.

Jésus-Christ est l'exemple ultime de celui qui a traversé les épreuves les plus profondes. Ses souffrances sont inégalées. Dans le Livre de Mormon, Alma explique au peuple de Gédéon pourquoi Jésus a souffert autant : « Et il ira, subissant des souffrances, et des afflictions, et des tentations de toute espèce ; et cela, afin que s'accomplisse la parole qui dit qu'il prendra sur lui les souffrances et les maladies de son peuple [...] afin qu'il sache, selon la chair, comment secourir son peuple selon ses infirmités. » (Alma 7:11-12)

Paul exprime une idée similaire aux Hébreux : « Car, ayant été tenté lui-même dans ce qu'il a souffert, il peut secourir ceux qui sont tentés » (Hébreux 2:18). « Car nous n'avons pas un souverain sacrificateur qui ne puisse compatir à nos faiblesses ; au contraire, il a été tenté comme nous en toutes choses, sans commettre de péché » (Hébreux 4:15).

Jésus aurait pu éviter de nombreuses épreuves. Par exemple, lors de son arrestation, ses disciples étaient prêts à donner leur vie pour le protéger. Pourtant, lorsqu'il voit Pierre tenter de le défendre, il lui dit : « Remets ton épée à sa place; [...] Penses-tu que je ne puisse pas invoquer mon Père, qui me donnerait à l'instant plus de douze légions d'anges? » (Matthieu 26:52-53)

Le Christ a volontairement enduré toutes les souffrances de l'humanité pour mieux nous comprendre, faire preuve de miséricorde et nous aimer davantage. Il l'a fait pour pouvoir affirmer : « Voici, écoutez, ô anciens de mon Église, dit le Seigneur, votre Dieu, oui, Jésus-Christ, votre avocat, qui connaît la faiblesse de l'homme et qui sait comment secourir ceux qui sont tentés » (D&A 62:1).

Nos propres difficultés peuvent nous aider à mieux comprendre autrui. Elles nous apprennent à pardonner plus aisément ceux qui trébuchent dans des situations que nous avons déjà vécues. Elles nous forment pour que nous puissions, à notre tour, soutenir ceux qui vacillent et fortifier ceux qui faiblissent

Le Livre de Mormon raconte l'histoire d'Alma et Zeezrom, un homme qui cherchait à discréditer publiquement Alma. Zeezrom, en désaccord avec les enseignements d'Alma, essayait de le piéger pour le condamner, cherchant ainsi à s'octroyer un certain pouvoir. Cependant, Alma parvient à éviter le piège et continue de proclamer l'Évangile.

Au fil de l'enseignement d'Alma, Zeezrom commence à ressentir le poids de sa propre culpabilité et reconnaît la vérité des paroles d'Alma. Cependant, prise de conscience arrive trop tard. Alma est capturé par le peuple en colère et est jeté en prison. Zeezrom, ainsi que tous ceux qui ont accepté les enseignements d'Alma, sont chassés de la ville. Beaucoup d'entre eux sont même condamnés à être brûlés à cause de leur foi.

On nous dit ensuite que « Zeezrom était couché, malade, à Sidom, avec une fièvre ardente, qui était causée par les grandes tribulations de son esprit à cause de sa méchanceté, car il pensait qu'Alma et Amulek n'étaient plus ; et il pensait qu'ils avaient été tués à cause de son iniquité. Et ce grand péché et ses nombreux autres péchés lui déchiraient l'esprit, jusqu'à ce que celui-ci devînt extrêmement douloureux, n'ayant pas de délivrance ; c'est pourquoi il commença à être dévoré par une chaleur ardente. Alors, quand il apprit qu'Alma et Amulek étaient au pays de Sidom, son cœur commença à prendre courage, et il leur envoya immédiatement un message, désirant qu'ils viennent à lui.Et il arriva qu'ils allèrent immédiatement, obéissant au message qu'il leur avait envoyé » (Alma 15:3-5).

Pour quelle raison Alma se rend *immédiatement* au chevet de Zeezrom, alors même que ce dernier avait contribué à son arrestation ? Il est probable qu'Alma s'est souvenu de son propre passé. Lui aussi avait rejeté les paroles de son père et semé le doute dans le cœur de nombreux croyants. Après avoir été réprimandé par un ange, il est tombé dans un coma profond. Il décrit plus tard son expérience : « J'étais sur le point d'être rejeté. Néanmoins, après avoir traversé beaucoup de tribulations, m'être repenti presque jusqu'à la mort, le Seigneur, dans sa miséricorde, a jugé bon de m'arracher à un feu éternel, et je suis né de Dieu. Mon âme a été rachetée du fiel de l'amertume et des liens de l'iniquité. J'étais dans l'abîme le plus sombre ; mais maintenant, je vois la lumière merveilleuse de Dieu. Mon âme était torturée d'un tourment éternel ; mais j'en suis arraché, et mon âme n'est plus dans la souffrance. »

Cette prise de conscience a incité Alma « à partir de ce moment-là, à instruire le peuple, ainsi que ceux qui étaient avec [lui] au moment où l'ange leur apparut, voyageant à travers tout le pays, publiant à tout le peuple les choses qu'ils avaient vues et entendues, et prêchant la parole de Dieu au milieu de beaucoup de tribulations, grandement persécutés par ceux qui étaient incrédules, et frappés par beaucoup d'entre eux.[…] Et ils voyagèrent à travers tout le pays de Zarahemla, et parmi tout le peuple qui était sous le règne du roi Mosiah, s'efforçant avec zèle de réparer tout le mal qu'ils avaient fait à l'Église, confessant tous leurs péchés, et publiant tout ce qu'ils avaient vu, et expliquant les prophéties et les Écritures à tous ceux qui désiraient les entendre » (Mosiah 26).

Sans doute que le souvenir pénible de ses efforts pour corriger ses erreurs, et la tristesse de constater que certains s'étaient éloignés à cause de lui, ont incité Alma à se rendre « immédiatement » auprès de Zeezrom.

Les épreuves nous apprennent que nous sommes tous interdépendants. Nous comprenons que chacun joue un rôle essentiel et unique dans la société et qu'il est vain de se comparer continuellement. En effet, tous les individus sont complémentaires et ont chacun un rôle propre. Paul donne l'image du corps pour illustrer ce principe : « Ainsi le corps n'est pas un seul membre, mais il est formé de plusieurs membres. Si le pied disait: Parce que je ne suis pas une main, je ne suis pas du corps-ne serait-il pas du corps pour cela? Et si l'oreille disait: Parce que je ne suis pas un œil, je ne suis pas du corps, -ne serait-elle pas du corps pour cela? Si tout le corps était œil, où serait l'ouïe? S'il était tout ouïe, où serait l'odorat? Maintenant Dieu a placé chacun des membres dans le corps comme il a voulu. Si tous étaient un seul membre, où serait le corps? Maintenant donc il y a plusieurs membres, et un seul corps. L'œil ne peut pas dire à la main: Je n'ai pas besoin de toi; ni la tête dire aux pieds: Je n'ai pas besoin de vous. Mais bien plutôt, les membres du corps qui paraissent être les plus faibles sont nécessaires; et ceux que nous estimons être les moins honorables du corps, nous les entourons d'un plus grand honneur. Ainsi nos membres les moins honnêtes reçoivent le plus d'honneur, tandis que ceux qui sont honnêtes n'en ont pas besoin. Dieu a disposé le corps de manière à donner plus d'honneur à ce qui en manquait, afin qu'il n'y ait pas de division dans le corps, mais que les membres aient également soin les uns des autres. Et si un membre souffre, tous les membres souffrent avec lui; si un membre est honoré, tous les membres se réjouissent avec lui (1 Corinthien 12:14-26).

Il est fascinant d'observer que, dans la nature, entre 1000 et 2000 mètres d'altitude, les règnes animal et végétal sont souvent soumis à la loi du plus fort. Cependant, au-delà de cette limite, lorsque les ressources deviennent rares, ce ne sont pas les plus forts qui survivent, mais ceux qui collaborent et s'entraident. Ces moments d'épreuves sont une chance de nous soutenir mutuellement, une occasion d'être au service les uns des autres. Car c'est l'altruisme, non l'égoïsme, qui nous permet de traverser ces difficultés.

Il est clair qu'à notre niveau, nous dépendons de diverses professions et compétences pour notre existence quotidienne. Les sportifs nourrissent nos rêves et nous incitent à nous surpasser, tandis que nous comptons sur les agriculteurs, les éleveurs et les boulangers pour notre subsistance. Les professionnels de santé sont indispensables pour prendre soin de nous, tandis que les ingénieurs apportent des solutions innovantes aux défis de la vie. Les mécaniciens et techniciens assurent la maintenance de nos équipements. Les politiciens guident la nation en temps de crise, et l'armée assure notre sécurité et le respect de la loi. Les caissiers simplifient nos achats, et les éboueurs préviennent l'accumulation de nos déchets. Les enseignants et les parents jouent un rôle crucial dans l'éducation des générations futures. Nous dépendons de la vitalité et des rêves de la jeunesse, mais aussi de la sagesse et de l'expérience de nos aînés. Les plus fortunés nous montrent comment réussir, tandis que les moins fortunés nous rappellent que l'argent n'est pas la chose la plus importante. Cette liste, bien que non exhaustive, démontre comment les défis révèlent les forces individuelles et nous incitent, voire nous obligent, à nous rapprocher les uns des autres.

L'importance des traits de caractère individuels est souvent sous-estimée. Nous nous concentrons fréquemment sur les compétences, l'expérience ou les connaissances d'une personne. Pourtant, ce sont souvent les traits de caractère qui font la différence dans les situations délicates et apportent une dimension supplémentaire à nos interactions et à nos collaborations.

Prenons l'exemple du caractère indomptable de mon épouse. Ce trait de caractère, parfois vu comme une force impétueuse lors de nos différends conjugaux, a souvent été la clé pour trouver des solutions inédites aux problèmes auxquels nous avons été confrontés. Son esprit résolu et sa détermination ont été une source d'inspiration pour moi. Là où je voyais des impasses, elle voyait des opportunités. Sa force intérieure et sa capacité à se tenir fermement face à l'adversité m'ont poussé à repenser mes propres limites et à chercher des solutions hors des sentiers battus.

En fait, c'est justement lors des moments de crise ou de conflit que ces traits de caractère s'avèrent précieux. Le courage de mon épouse face aux défis, sa résilience face à l'adversité et son refus de se laisser abattre sont autant de qualités qui m'ont aidé à voir au-delà des obstacles immédiats. Cette attitude m'a amené à réévaluer mes propres réactions face aux défis et à chercher de nouvelles façons de les surmonter.

Donc, même si parfois, son tempérament peut sembler difficile à gérer, j'ai appris à voir cela comme un atout plutôt qu'un obstacle. Son courage et sa résolution nous ont aidés à naviguer à travers les moments difficiles et à trouver des solutions que je n'aurais jamais imaginé seul. En définitive, son caractère indomptable n'est pas seulement une force pour elle, mais aussi une force pour nous, nous aidant à faire face ensemble aux défis de la vie.

Le Livre de Mormon relate l'exemple frappant de Moroni et Pahoran, qui illustre parfaitement le pouvoir de la complémentarité des caractères. Confrontés à un ennemi commun, ces deux hommes réagissent différemment du fait de leurs personnalités distinctes. Moroni, impétueux et direct, menace de détruire quiconque s'opposerait à la loi du pays. En parallèle, Pahoran, plus mesuré et diplomatique, hésite à lever les armes contre ses propres frères.

Leurs correspondances mettent en lumière la fusion progressive de leurs perspectives, conduisant à une solution mutuellement satisfaisante. Tandis que Moroni reproche à Pahoran sa gestion souple du gouvernement, ce dernier fait preuve de patience et d'empathie, évitant de s'enflammer face à l'attitude de son ami. Inversement, l'inébranlable détermination de Moroni offre à Pahoran l'impulsion nécessaire pour agir, renforçant ainsi leur alliance et la rendant plus puissante.

Cette synergie entre leurs caractères distincts nous sert de rappel : il est essentiel de reconnaître et d'utiliser les différents atouts et points de vue de ceux qui nous entourent. Parfois, l'ardeur et la ténacité d'une personne peuvent apporter l'élan nécessaire pour franchir des obstacles difficiles. D'autres fois, la diplomatie et le recul d'une autre peuvent apporter la modération et la sagesse nécessaires pour résoudre les différends pacifiquement.

Selon les enseignements du Livre de Mormon, les caractéristiques intrinsèques de chaque individu peuvent se transformer en une précieuse ressource pour notre croissance personnelle. En valorisant les qualités singulières de chacun, non seulement nous pouvons élaborer des solutions inventives face aux défis rencontrés, mais également renforcer nos relations et œuvrer de concert vers un avenir plus prometteur.

Ces idées sont en accord avec les conclusions de diverses études modernes. Par exemple, une étude de McKinsey & Company en 2015 a révélé que les entreprises qui encouragent la diversité et l'inclusion tendent à être plus innovantes, plus résilientes et performantes. Il semble que l'appréciation de la diversité favorise l'innovation et la créativité, qui peuvent, à leur tour, conduire à une meilleure performance.

Dans des situations critiques, la singularité de chaque individu rend nos approches complémentaires. Pour atteindre la solution la plus optimale, il est crucial de faire preuve d'humilité en écoutant les avis de chacun et en étant prêt, parfois, à remettre en question nos propres convictions. Cela ne signifie pas que la valeur de nos idées ou points de vue diminue, bien au contraire. Cela enrichit la réflexion collective en offrant une vision plus globale du problème.

Cette idée est soutenue par des recherches en psychologie, comme celles menées par le célèbre psychologue humaniste Carl Rogers, qui a identifié l'écoute active et empathique comme un facteur clé dans le développement de relations saines et de résilience. De plus, les études dans le domaine de l'éducation montrent que l'inclusion en milieu scolaire est bénéfique pour tous les élèves, renforçant ainsi l'empathie, l'acceptation et la collaboration.

Il est aussi intéressant de noter que les communautés qui pratiquent l'inclusion et l'écoute tendent à être plus résilientes face aux catastrophes et aux crises, comme le montrent certaines recherches sur la résilience communautaire.

Au final, écouter et inclure ne sont pas simplement des actions ponctuelles, mais des attitudes à cultiver. Cela nous rappelle que, en créant un environnement où l'écoute et l'inclusion sont valorisées, nous sommes plus à même de surmonter les défis et de prospérer. Et nous pouvons commencer dés maintenant à développer ces attitudes dans nos foyers.

4. Nous aider à ressembler davantage au Christ.

Nous avons tous été façonnés à l'image divine, nous sommes véritablement les enfants de Dieu. Cependant, sommes-nous destinés à rester éternellement dans le rôle d'enfants ou de serviteurs à l'égard de notre Père céleste? Ce n'est certainement pas Son intention. Son but suprême est de nous permettre d'atteindre la vie éternelle. Comme l'affirme Jean 17:3, « la vie éternelle, c'est de te connaître, toi, le seul véritable Dieu, et celui que tu as envoyé, Jésus-Christ. »

En d'autre terme, la vie éternelle est le genre de vie que Dieu mène. Pour l'atteindre, nous devons par conséquent apprendre à comprendre comment Dieu vit. C'est dans ce contexte que Jésus interrogea ses disciples : "Quelle sorte d'hommes devez-vous être ? En vérité, je vous le dis, tels que je suis" (3 Néphi 27:27). Pourquoi est-il impératif que nous devenions semblables à Jésus ? Néphi clarifie cela en soulignant que le royaume de Dieu est d'une pureté absolue et qu'aucune impureté ne peut y pénétrer (1 Néphi 15:34). Il est donc nécessaire que nous nous purifiions et nous perfectionnions pour accéder à ce royaume, une transformation qui n'est possible qu'en emboîtant le pas à Christ.

Jésus est le chemin (Jean 14:16) qui nous guide vers la vie éternelle. En acceptant de boire "la coupe amère" que son Père lui a offerte (3 Néphi 11:11), il nous a ouvert la possibilité de nous réconcilier avec Dieu. Cette coupe amère symbolise nos péchés, nos faiblesses, nos failles qu'il a accepté de porter pour nous afin que la miséricorde triomphe sur la justice. Mais cette coupe que le Sauveur a bu symbolise également une vie entière passée à supporter les moqueries, à aimer malgré les injustices, à persévérer malgré les persécutions. De la même façon, nous aussi, nous traversons et traverserons encore des épreuves qui participeront à la construction de notre personnalité et au développement en nous des qualités divines du Christ. Ces épreuves agissent comme un catalyseur que Dieu utilise pour nous purifier et nous rendre plus semblables au Sauveur. Elles nous fournissent une occasion de croissance spirituelle et nous permettent d'acquérir les attributs divins nécessaires pour entrer dans Son royaume.

Il est naturel que nous ayons une certaine réticence face aux épreuves. Elles bouleversent nos habitudes et dérangent la sérénité de nos routines. Imaginez-vous naviguant paisiblement sur une mer d'une tranquillité absolue, bercés par une brise légère et sous un soleil bienveillant. Puis, de manière inattendue, de sombres nuages apparaissent à l'horizon. Nous comprenons alors que notre périple tranquille approche de sa fin. Bientôt, des vagues gigantesques nous assaillent, nous forçant à déployer toutes nos ressources pour maintenir notre embarcation à flot. Cependant, malgré leur caractère troublant, ces défis suscitent en nous l'émergence de nouvelles qualités que nous n'aurions jamais pu découvrir autrement. Notre voyage spirituel vers notre épanouissement divin est ainsi accéléré par les vents tumultueux et les mers déchaînées de la vie.

Considérons les épreuves rencontrées par le frère de Jared et sa famille qui, malgré leur nature périlleuse, leur ont permis d'atteindre leur destination. "Et il arriva que le Seigneur Dieu fit en sorte qu'un vent furieux soufflât sur la surface des eaux vers la terre promise ; et ainsi, ils furent ballottés sur les vagues de la mer par le vent. Ils furent de nombreuses fois ensevelis dans les profondeurs de la mer à cause des vagues montagneuses qui déferlaient sur eux, et aussi des grandes et terribles tempêtes qui étaient causées par la violence du vent. Lorsqu'ils étaient ensevelis dans l'abîme, il n'y avait pas d'eau qui pût leur faire du mal, leurs bateaux étant étanches comme un plat, et aussi, ils étaient étanches comme l'arche de Noé ; c'est pourquoi, lorsqu'ils étaient enveloppés par de nombreuses eaux, ils criaient au Seigneur, et il les ramenait au sommet des eaux. Le vent ne cessa jamais de souffler vers la terre promise pendant qu'ils étaient sur les eaux ; et c'est ainsi qu'ils furent poussés par le vent" (Ether 6:5-8).

N'est-il pas probable que, si leur voyage avait été sans embûches, leur lien avec Dieu n'aurait pas acquis la même profondeur ?

Lynn G. Robbins, dans ses enseignements, met en exergue le rôle crucial que nos propres enfants peuvent jouer dans notre évolution personnelle. Il explique : « Un enfant doux et obéissant place ses parents dans un cours introductif à la parentalité. Par contre, si vous avez la chance d'avoir un enfant qui met votre patience à rude épreuve, vous vous retrouvez inscrits dans un cours avancé de perfectionnement. Au lieu de vous demander quelle faute vous avez pu commettre dans votre préexistence pour mériter une telle épreuve, vous pourriez percevoir cet enfant plus difficile comme une bénédiction et une occasion de devenir plus semblables à Dieu. Avec un enfant de ce genre, vos qualités comme la patience, la tolérance et d'autres vertus chrétiennes ne sont-elles pas plus susceptibles d'être testées, développées et affinées ? Peut-être avez-vous besoin de cet enfant autant que cet enfant a besoin de vous » (Quelle sorte d'hommes et de femmes devriez-vous être? CG Avril 2011).

De son coté, un père qui se montre trop protecteur envers son enfant, essayant de le prémunir contre toutes les difficultés et les épreuves de la vie, peut involontairement entraver le développement d'un caractère robuste et autonome chez ce dernier. En tentant d'anticiper et d'éliminer tous les obstacles, le père prive son enfant des occasions d'apprendre à surmonter les défis, de construire sa résilience et de prendre des décisions indépendantes. Il est évident que cela n'entre pas dans le projet de notre Père Céleste.

Malachie, dans la Bible, dévoile la résolution de Dieu pour son peuple : « Il s'assiéra, fondra et purifiera l'argent; Il purifiera les fils de Lévi, Il les épurera comme on épure l'or et l'argent, Et ils présenteront à l'Éternel des offrandes avec justice. » (Malachie 3:3)

Dans la grande forge de l'existence, nous sommes à la fois le minerai brut et la précieuse relique en devenir. Nous sommes, en quelque sorte, l'or à l'état naturel, chargé de potentiel mais entravé par nos imperfections. De la même manière que le fondeur met l'or au creuset pour le purifier, Dieu nous fait passer par les flammes des épreuves afin de faire ressortir notre véritable éclat.

L'or atteint son point de fusion à environ 1064 degrés Celsius. À cette température critique, l'or passe de l'état solide à l'état liquide, et les impuretés présentes sont libérées, permettant au fondeur d'isoler et de retirer ces éléments indésirables. Ainsi, de même, lorsque nous traversons des épreuves, nous subissons une transformation fondamentale. Les difficultés sont comme la chaleur du feu qui met à nu nos défauts, nos erreurs et nos faiblesses. Elles nous obligent à voir ce que nous aurions préféré ignorer, mais elles nous offrent aussi l'opportunité d'apprendre, de grandir et d'évoluer.

Cependant, il est crucial de noter qu'à l'image du fondeur qui surveille attentivement la température du four, Dieu ne nous abandonne pas dans nos épreuves. Il est l'observateur vigilant, l'artisan précis qui connaît nos limites et notre potentiel. Il règle la chaleur de nos défis avec une sagesse et un amour infinis, veillant à ce que nous ne soyons pas anéantis, mais épurés. Si l'or n'est pas suffisamment chauffé, les impuretés subsistent. Mais si la température est trop élevée, l'or peut être endommagé. De même, Dieu assure que nos épreuves sont suffisamment ardentes pour nous faire croître, mais pas assez intenses pour nous détruire.

Au moment où l'or atteint son point de fusion, il donne lieu à une réverbération maximale. Le fondeur peut alors voir son reflet dans le métal en fusion. Il en va de même pour nous, lorsque nous sommes confrontés à nos épreuves et que nous nous abandonnons totalement à Dieu, sa lumière se réfléchit en nous avec une intensité accrue. Nous nous transformons pour devenir littéralement plus semblables à Lui.

Après ce processus de purification, l'or manifeste des caractéristiques mécaniques et chimiques améliorées. Il devient plus malléable, résistant à la corrosion et noble. Il conserve sa brillance et son éclat même en présence de l'oxydation. Il est également un excellent conducteur d'électricité, ce qui en fait un matériau précieux dans de nombreux domaines. De la même façon, une fois que nous avons été purifiés par nos épreuves, nous devenons nous aussi plus résilients, plus forts et plus précieux. Nous devenons des vecteurs de l'amour divin, capables d'apporter une influence positive et durable à ceux qui nous entourent.

Cependant, pour bénéficier de cette transformation profonde et précieuse, il est essentiel que nous nous abandonnions pleinement aux mains de notre Divin Fondeur. Accepter nos épreuves comme des opportunités de croissance et de transformation, reconnaître que ces difficultés sont une partie nécessaire de son dessein pour nous, demande une confiance totale en Lui. Cela implique de lui permettre de travailler en nous et à travers nous, de nous transformer afin que nous puissions devenir plus à Son image, plus semblables au Christ dans notre nature et dans notre être.

5. L'opportunité d'effectuer de meilleurs choix

Quelle raison aurions-nous de changer une situation qui nous satisfait ? Il est dans la nature humaine de privilégier la sécurité de l'habituel sur l'incertitude de l'inédit, la stabilité sur les possibilités nouvelles. Lorsque nous sommes dans notre zone de confort, nous n'éprouvons généralement pas le besoin de nous en éloigner, tenus par nos routines bien enracinées. Cependant, les épreuves sont de puissants catalyseurs de changement, venant remettre en question ces habitudes et offrant une perspective renouvelée à notre existence. Ainsi, nous avons noté que le terme "crise" vient du grec "krisis", suggérant un moment de jugement, une décision. Dans cette optique, les épreuves nous donnent l'opportunité d'opérer des choix éclairés, d'explorer de nouveaux chemins et de grandir.

Au cours d'une conversation sur Dieu et l'Évangile, un ami m'a confié son intérêt tout en affirmant qu'il ne ressentait pas leur nécessité dans sa vie, étant donné sa tranquillité et son bonheur apparent. Il se situait alors au premier niveau d'apprentissage.

En effet, on peut envisager l'apprentissage à travers quatre étapes distinctes :

1. L'étape de l'ignorance inconsciente : À ce niveau, nous sommes inconscients de notre méconnaissance face à des savoirs essentiels. Cette phase pourrait être désignée par l'expression familière d'"imbécile heureux". Nous sortons généralement de ce stade lorsque nous sommes confrontés à une situation qui nous révèle l'existence d'un univers

dont nous n'avions pas conscience.

2. L'étape de la conscience de notre ignorance : À ce stade, nous reconnaissons ce que nous ignorons. Nous devenons, si l'on peut dire, des "ignorants malheureux". Cette transition peut être difficile, car elle nous confronte à notre manque de compétence et à nos lacunes. Elle nous offre toutefois deux alternatives : rester volontairement dans l'ignorance ou faire des efforts pour combler nos lacunes et nous améliorer.

3. L'étape de la conscience de notre savoir : À ce niveau, nous devenons des "apprentis sages". Nous prenons conscience de nos connaissances nouvellement acquises et devons constamment nous efforcer d'adapter ces connaissances à diverses situations de la vie.

4. L'étape de l'inconscience de notre savoir : Ici, le processus d'apprentissage atteint son apogée. L'individu peut alors être qualifié de "sage heureux". Le sage heureux agit instinctivement, car sa connaissance est devenue une partie intégrante de lui-même.

Le véritable apprentissage réside dans la reconnaissance de nos insuffisances et de nos ignorances. C'est souvent au travers des épreuves que cette prise de conscience surgit, bien qu'elle puisse également se manifester de façon moins tumultueuse. Un écho de cette idée se retrouve dans les enseignements d'Alma aux Zoramites. . Ces derniers avaient « abondamment travaillé à construire de [leurs] mains » leurs synagogues mais ils en étaient à présent chassés à cause de leur pauvreté. Confronté à cette situation, Alma constate : « Je vous le dis, il est bon que vous soyez chassés de vos synagogues [**épreuves extérieurs qui leurs fait prendre conscience de l'étape 1**], afin que vous soyez humbles et que vous appreniez la sagesse ; ***car il est nécessaire que vous appreniez la sagesse*** ; **(intérêt de l'épreuve)** car c'est parce que vous êtes chassés, que vous êtes méprisés par vos frères, à cause de votre extrême pauvreté, que vous êtes amenés à l'humilité de cœur ; car vous êtes nécessairement amenés à être humbles. Et maintenant, parce que vous êtes forcés d'être humbles, bénis êtes-vous ; car parfois, s'il est forcé d'être humble, l'homme cherche le repentir ; et maintenant, assurément, quiconque se repent trouve miséricorde ; et celui qui trouve miséricorde et persévère jusqu'à la fin, celui-là sera sauvé. (**Etape 2 :** Comment agissons-nous face à la prise de conscience de notre besoin d'apprendre ?) Et maintenant, comme je vous l'ai dit, parce que vous avez été forcés d'être humbles, vous êtes bénis ; ne pensez-vous pas que ceux qui s'humilient vraiment à cause de la parole sont encore plus bénis ? Oui, celui qui s'humilie vraiment, et se repent de ses péchés, et persévère jusqu'à la fin, celui-là sera béni — oui, beaucoup plus béni que ceux qui sont forcés d'être humbles à cause de leur extrême pauvreté. C'est pourquoi, bénis sont ceux qui s'humilient sans être forcés d'être humbles »(Alma 32:12-16).

Alma transmet ici un message clé à la communauté. Pour éviter des épreuves qui pourraient nous humilier, il est essentiel de choisir de s'humilier volontairement. Cet état d'humilité constante nous rend disponibles à l'écoute des enseignements de Dieu et nous protège de la tentation de croire que nous savons tout. Cependant, comme l'humilité ne nous vient pas facilement à la plupart d'entre nous (moi inclus), Dieu se trouve souvent dans la nécessité de nous faire traverser des épreuves pour nous révéler nos manquements. Ainsi, les épreuves ont pour vocation de nous faire passer d'un état d'"ignorant heureux" à celui de "sage accompli".

Ma belle-famille vit sur le flanc d'une montagne. Souvent, la vallée est recouverte d'un épais brouillard. Je me souviens d'un jour où, me trouvant au cœur de la forêt, j'ai levé les yeux pour apercevoir le sommet de la montagne baigné de soleil. C'était comme une invitation à gravir la pente, un appel à l'ascension. Deux options se dessinaient alors devant moi : rester dans le brouillard, immobile, sans tenter de changer quoi que ce soit, ou entreprendre l'ascension vers le sommet pour atteindre la lumière et la clarté du soleil.

Albert Einstein a fait une déclaration profonde : "On ne peut pas résoudre un problème avec le même niveau de pensée que celui qui l'a créé." Pour triompher des épreuves et en tirer des bénéfices, nous sommes appelés à élever notre esprit, à élargir notre champ de vision. En face d'une difficulté, nous sommes alors confrontés à un choix : voulons-nous rester englués dans l'épreuve ou bien gravir la montagne, nous rapprocher de Dieu et rejoindre la lumière du soleil ?

Un des stratagèmes préférés de Satan est d'entraîner l'homme dans une attente passive de résolution. Il endort notre esprit dans une complaisance trompeuse, nous faisant croire que tout est en ordre, qu'il n'y a rien à changer. Cette idée est illustrée dans le livre de 2 Néphi 28, verset 21 : "Et il en pacifiera d'autres et les endormira dans une sécurité charnelle, de sorte qu'ils diront : Tout est bien en Sion ; oui, Sion prospère, tout est bien — et c'est ainsi que le diable trompe leur âme et les entraîne soigneusement sur la pente de l'enfer."

Quand nous tombons dans le piège de croire que tout va bien dans notre vie et qu'il n'y a rien à modifier, nous manquons des opportunités d'évolution. Un de mes professeurs avait formulé une observation des plus pertinentes : la distinction principale entre un être vivant et un mort réside dans la capacité de mouvement. Appliquée au domaine spirituel, lorsque nous cessons d'avancer, que ce soit par complaisance ou par arrogance, nous commençons à mourir spirituellement.

Cette réflexion nous ramène à l'image de la montagne évoquée précédemment. Rester dans le brouillard, c'est choisir l'inaction, l'attente passive, c'est se laisser bercer par la fausse sécurité de la complaisance. Gravir la montagne, c'est faire preuve d'action, de détermination, c'est chercher activement à progresser et à s'élever. En d'autres termes, c'est choisir la vie et le mouvement par opposition à la mort et à la stagnation.

Un contraste notable entre Dieu et Satan réside dans leur vision de notre évolution. Tandis que Dieu souhaite nous voir évoluer pour devenir semblables à Lui, Satan cherche à limiter notre liberté afin de conserver sa domination sur nous. Cette restriction de la liberté se fait essentiellement de deux manières. La première est de supprimer la possibilité de choisir. La deuxième, plus insidieuse, est de nous submerger par une multitude de choix insignifiants. Illustrons ces deux techniques.

La première stratégie de Satan est parfaitement résumée dans le livre de 2 Néphi 26:22 : "Oui, et il les mène par le cou avec une corde de lin, jusqu'à ce qu'il les lie à jamais avec ses fortes cordes". Cette technique consiste à nous rendre dépendants d'un objet, d'une personne ou d'une situation. Par exemple, envisageons la dépendance au tabac. L'adversaire commence par nous attirer avec une première cigarette, puis une seconde, et ainsi de suite, jusqu'à ce que nous soyons prisonniers de cette addiction. Notre liberté est alors entravée, car nous perdons la capacité de choisir de fumer ou de ne pas fumer. Nous sommes enchaînés par notre addiction.

À l'opposé, lorsque nous adhérons aux recommandations divines qui nous exhortent à ne pas consommer de tabac, nous jouissons d'une véritable liberté. Nous avons le pouvoir de décider de fumer ou de ne pas fumer. Ce principe s'applique à la plupart des formes de dépendances : pornographie, jeux d'argent, travail excessif, jeux vidéo, entre autres.

La seconde technique employée par Satan est plus perfide : elle repose sur l'idée que "trop de choix tue le choix". Prenons pour exemple un buffet à volonté. Ce dernier crée deux conséquences dommageables. D'une part, on passe un temps démesuré à tenter de choisir quels mets déguster. D'autre part, de peur de passer à côté de quelque chose, on finit par goûter à tout et on se retrouve avec des maux d'estomac. On perd de vue que notre but premier était simplement de nous sustenter, et non de dévaliser le buffet. On peut évoquer ici le "syndrome Ikea" : on y va initialement pour acheter un produit spécifique dont on a réellement besoin, mais on finit par sortir avec une pléiade d'articles, les poches vides, ayant totalement oublié l'objet premier de notre venue.

Un autre exemple éloquent de cette deuxième ruse de Satan se trouve dans les relations amoureuses. Certaines personnes craignent de s'engager par peur de manquer une relation "meilleure". D'autres collectionnent les partenaires, oubliant que leur but initial était de trouver une personne avec qui construire une relation durable, dans les bons et les mauvais moments.

Les épreuves brisent ces deux pièges et nous offrent l'opportunité de nous corriger et de repartir sur de nouvelles bases.

Reprenons nos deux exemples précédents. L'annonce d'un cancer du poumon à un fumeur est une épreuve difficile, mais qui le met face à un choix déterminant : renoncer à sa dépendance destructrice et commencer à prendre soin de lui et de ses proches. C'est une occasion de repenser sa vie et de réaliser des changements bénéfiques.

Dans le même ordre d'idée, une rupture amoureuse est un moment émotionnellement complexe, mais elle est essentielle pour comprendre ce que nous recherchons vraiment chez un partenaire, faire le bilan de notre engagement et réfléchir à ce que nous pouvons améliorer en nous afin de surmonter les difficultés que nous rencontrerons immanquablement dans nos futures relations. C'est une chance de croissance personnelle et de transformation.

Les épreuves fournissent également une occasion d'introspection personnelle. Paul recommande aux Corinthiens : "Que chacun donc s'éprouve soi-même" (1 Corinthien 11:28). De même, le livre des Lamentations exhorte : "Recherchons nos voies et sondons-les, Et retournons à l'Éternel".

Un matin, alors que je m'enquerrais de mon voisin au sujet de la crise sanitaire, il me répondit : « Comme tout le monde, j'attends que ça passe ». Je ne pense pas qu'il insinuait qu'il ne faisait rien de ces journée. Son jardin est d'ailleurs impeccable. Mais sa réponse m'a fait pensé à une autre facette des choix. Léhi enseigne que, dans la vie, il y a les « choses qui se meuvent, [et les] choses qui sont mues » (2 Néphi 2:13). Les personnes qui se meuvent sont autonomes. Elles savent où elles vont. Elles sont déterminées et leur mouvement provient d'elles-même.

Inversement, dans la Bible, Jacques définit un homme mu comme « semblable au flot de la mer, agité par le vent et poussé de côté et d'autre » (Jacques 1:6). Il change de direction en fonction des modes et des avis des gens. Il est dépendant des nouvelles et des informations.

Les épreuves nous rappellent que les éléments extérieurs à nous-mêmes sont changeants et qu'une vie heureuse est une vie où l'on prend des décisions et non où on subit les décisions d'autrui.

Remarquer la différence dans la parabole des talents, entre les deux premiers serviteurs qui vont se mouvoir et le troisième qui attend simplement que le temps passe. (Matthieu 25:14-30), : « Il en sera comme d'un homme qui, partant pour un voyage, appela ses serviteurs, et leur remit ses biens. Il donna cinq talents à l'un, deux à l'autre, et un au troisième, à chacun selon sa capacité, et il partit. Aussitôt celui qui avait reçu les cinq talents s'en alla, les fit valoir, et il gagna cinq autres talents. De même, celui qui avait reçu les deux talents en gagna deux autres. Celui qui n'en avait reçu qu'un alla faire un creux dans la terre, et cacha l'argent de son maître. Longtemps après, le maître de ces serviteurs revint, et leur fit rendre compte. Celui qui avait reçu les cinq talents s'approcha, en apportant cinq autres talents, et il dit: Seigneur, tu m'as remis cinq talents; voici, j'en ai gagné cinq autres. Son maître lui dit: C'est bien, bon et fidèle serviteur; tu as été fidèle en peu de chose, je te confierai beaucoup; entre dans la joie de ton maître. Celui qui avait reçu les deux talents s'approcha aussi, et il dit: Seigneur, tu m'as remis deux talents; voici, j'en ai gagné deux autres. Son maître lui dit: C'est bien, bon et fidèle serviteur; tu as été fidèle en peu de chose, je te confierai beaucoup; entre dans la joie de ton maître. Celui qui n'avait reçu qu'un talent s'approcha ensuite, et il dit: Seigneur, je savais que tu es un homme dur, qui moissonnes où tu n'as pas semé, et qui amasses où tu n'as pas vanné; j'ai eu peur, et je suis allé cacher ton talent dans la terre; voici, prends ce qui est à toi. Son maître lui répondit: Serviteur méchant et paresseux, tu savais que je moissonne où je n'ai pas semé, et que j'amasse où je n'ai pas vanné; il te fallait donc remettre mon argent aux banquiers, et, à mon retour, j'aurais retiré ce qui est à moi avec un intérêt. Ôtez-lui donc le talent, et donnez-le à celui qui a les dix talents. Car on donnera à celui qui a, et il sera dans l'abondance, mais à celui qui n'a pas on ôtera même ce qu'il a. Et le serviteur inutile, jetez-le dans les ténèbres du dehors, où il y aura des pleurs et des grincements de dents. »

Ce qui suscite véritablement l'intérêt de Dieu, ce n'est pas tant la quantité de talents que nous lui apportons, mais plutôt le fait que nous avons assumé notre responsabilité, cultivé notre autonomie et fait fructifier les dons qu'il nous a conférés.

Dans le chapitre précédent, nous avons exploré comment les épreuves sont conçues pour nous aider à nous rapprocher de l'image de Jésus-Christ. Son évangile vise à nous affranchir (Jean 8:36). Celui qui est libéré est capable de faire ses propres choix et de prendre des initiatives. Par contre, celui qui attend que les événements extérieurs le poussent à agir n'est pas véritablement libre. Il demeure dépendant de ces éléments extérieurs. Notre serviteur indolent est mu, mais il n'agit pas par lui-même. Au lieu de tirer parti des épreuves et donc des opportunités d'apprendre qui lui sont offertes, il enterre ses propres capacités et attend que l'épreuve s'estompe.

Dieu l'exprime ainsi : "Car voici, il n'est pas convenable que je commande en tout, car celui qu'il faut contraindre en tout est un serviteur paresseux et sans sagesse ; c'est pourquoi il ne reçoit pas de récompense. En vérité, je le dis, les hommes doivent œuvrer avec zèle à une bonne cause, faire beaucoup de choses de leur plein gré et produire beaucoup de justice. Car ils ont en eux le pouvoir d'agir par eux-mêmes. Et si les hommes font le bien, ils ne perdront en aucune façon leur récompense. Mais celui qui ne fait rien tant qu'on ne le lui a pas commandé et qui reçoit un commandement le cœur indécis et le garde avec paresse, celui-là est damné." (D&A 58:26-29)

Les épreuves sont également des occasions d'œuvrer avec zèle. Sans le coronavirus, les famines, la pauvreté, il n'y aurait pas eu autant d'actes de solidarité, car nous aurions eu moins d'occasions de faire preuve de générosité. Léhi explique qu'il "doit nécessairement y avoir une opposition en toutes choses" (2 Néphi 2:11-12). En effet, sans l'opposition, la vie n'aurait ni relief, ni couleur. On ne peut véritablement apprécier la douceur que lorsqu'on a expérimenté l'amertume. Alors seulement naît le désir de partager cette douceur avec autrui.

Le plus grand désir de Dieu n'est pas de voir tous ses enfants ***faire*** les bonnes actions coûte que coûte, ni de devenir de dociles petits esclaves obéissants. Sinon il aurait simplement créer de jolis robots. Mais son souhait est bien de les voir nourrir un profond désir de ***choisir*** le bien, afin qu'ils puissent acquérir le raisonnement qui leur permettra de devenir comme lui.

Troisième partie :

Dieu se révèle dans notre vie grâce aux épreuves

Dans la première partie de ce livre, nous avons abordé la façon dont les épreuves, loin d'être de simples obstacles, servent en réalité à nous recentrer sur l'essentiel. Dans la deuxième partie, nous avons exploré comment Dieu utilise ces épreuves pour stimuler notre développement, pour nous pousser à grandir et à évoluer.

Alors, naturellement, cela nous conduit à la troisième et dernière partie de notre voyage, où nous découvrirons comment Dieu utilise ces épreuves pour se révéler à nous, pour que nous puissions percevoir Sa main dans notre vie. Alma enseigne : « Les Écritures sont placées devant toi, oui, et ***tout*** montre qu'il y a un Dieu ; oui, la terre et tout ce qui se trouve sur sa surface, oui, et son mouvement, oui, et aussi toutes les planètes qui se meuvent dans leur ordre régulier témoignent qu'il y a un Créateur suprême. » (Alma 30:44 italiques ajoutés). Le « tout » comprend aussi les épreuves. Les difficultés représentent souvent les moments où nous ressentons le plus la présence de Dieu parce que nous la recherchons plus spontanément. Quand nous prenons conscience de sa présence, il devient alors plus facile de lui faire confiance, d'écouter sa voix et suivre ses recommandations.

Le fait de placer notre confiance en lui et de l'écouter va alors nous permettre d'atteindre plus rapidement notre plein potentiel. Boyd K Packer disait : « L'étude de la doctrine de l'évangile changera le comportement plus vite qu'une étude du comportement change le comportement ». Se tourner vers l'essentiel et atteindre notre potentiel se fera naturellement et rapidement si nous étudions la parole de Dieu.

Cependant, pour que cette étude de l'évangile soit efficace, elle ne peut pas rester seulement théorique. Elle a besoin de pratique. Dieu va alors nous envoyer d'autres épreuves. Et c'est ainsi qu'un cercle vertueux se forme.

C'est dans ce contexte que nous allons explorer l'idée que nos épreuves peuvent être une source de révélation divine, nous permettant d'acquérir un témoignage de Dieu plus profond et plus ancré. Car c'est en nous rapprochant de Lui au cœur des épreuves que nous pouvons véritablement commencer à nous transformer à Son image.

1. Voir la main de Dieu dans sa vie.

Le peuple d'Israël avait fait une remarque pleine de bon sens à Malachie : « Vous avez dit : C'est en vain que l'on sert Dieu ; qu'avons-nous gagné à observer ses préceptes et à marcher avec tristesse à cause du Seigneur des armées ? Maintenant nous estimons heureux les hautains ; oui, les méchants prospèrent ; oui, ils tentent Dieu, et ils échappent ! » (Malachie 3:14)

Ces interrogations peuvent surgir dans les moments paisibles de notre existence, qu'on soit croyant ou non. Il est fréquent de constater que ceux qui bafouent les principes moraux ou religieux semblent plus épanouis et plus libres que ceux qui s'efforcent de les respecter.

À cela Malachie répond : « Le Seigneur fut attentif, et il écouta ; et un livre de souvenir fut écrit devant lui pour ceux qui craignent le Seigneur et qui honorent son nom. Ils seront à moi, dit le Seigneur des armées, ils m'appartiendront au jour où je rassemblerai mes joyaux ; j'aurai compassion d'eux, comme un homme a compassion de son fils qui le sert. Et vous verrez de nouveau la différence entre le juste et le méchant, entre celui qui sert Dieu et celui qui ne le sert pas. » (Malachie 3 :16-18). Les épreuves sont la façon dont Dieu rassemble ses « joyaux ». La promesse de Dieu est donc la suivante : dans les temps d'accalmie, la présence de Dieu peut sembler négligeable mais dans les tourments, la main de Dieu fera la différence.

Pour illustrer ce principe L. Whitney Clayton raconte une expérience. « En 2002, j'ai appris une grande leçon au sujet des problèmes. À Asunción, au Paraguay, j'ai rencontré les présidents de pieu de la ville. À cette époque, le pays faisait face à une crise financière terrible et beaucoup de membres de l'Église souffraient et n'arrivaient pas à joindre les deux bouts. Je n'étais pas retourné en Amérique du Sud depuis ma mission et je n'étais jamais allé au Paraguay. Je ne servais dans cette présidence d'interrégion que depuis quelques semaines. Craignant de ne pas être capable de guider ces présidents de pieu, je leur ai demandé de ne me dire que ce qui allait bien dans leur pieu. Le premier président de pieu m'a parlé des choses positives. Le suivant aussi puis il a mentionné quelques difficultés. Lorsque nous sommes arrivés au dernier président de pieu, il a uniquement exposé une série de problèmes épineux. En écoutant les présidents de pieu expliquer l'ampleur de la situation, j'étais de plus en plus inquiet, presque désespéré, ne sachant que dire.

Alors que le dernier président de pieu terminait son intervention, une pensée m'est venue à l'esprit : « Frère Clayton, pose-leur cette question : 'Présidents, parmi les membres de votre pieu qui paient une dîme complète, font des offrandes de jeûne généreuses, remplissent leurs appels dans l'Église, visitent chaque mois les familles en tant qu'instructeurs au foyer ou instructrices visiteuses, font la soirée familiale, étudient les Écritures, prient en famille quotidiennement, combien ont des difficultés auxquelles ils ne peuvent faire face sans l'intervention de l'Église pour résoudre leurs problèmes ?' »

Conformément à cette impression, je leur ai posé la question.

Ils m'ont regardé dans un silence étonné et ont dit : « Pues, ninguno », c'est-à-dire « Eh bien, aucun ». Ils m'ont dit lors qu'aucun des membres qui faisaient toutes ces choses ne rencontrait de difficultés qu'il ne pouvait surmonter seul. Pourquoi ? Parce qu'ils vivaient dans les meilleurs foyers. Leur vie fidèle leur donnait la force, la vision et l'aide divine nécessaires pour endurer et survivre malgré le tumulte économique qui les entourait. » (*Les meilleurs foyers*, L . Withney Clayton, conférence générale d'avril 2020).

En effet, lorsqu'une vie s'écoule sans heurts, on pourrait se laisser convaincre qu'il n'y a aucun avantage à servir le Seigneur. Cependant, tout comme les Saints au Paraguay, le contraste frappant entre ceux qui se sont préparés à respecter les commandements de Dieu et les autres devient évident lorsque la vie se corse.

Dans le Livre de Mormon, il est expliqué par Jarom que ce n'est qu'après une violente attaque des Lamanites, ayant anéanti une partie des Néphites, que les paroles du Seigneur à leurs ancêtres ont pris tout leur sens : « Si vous gardez mes commandements, vous prospérerez dans le pays. ». Avant cette attaque, la vie était agréable et il semblait y avoir peu de différence entre vivre selon les lois de Dieu ou les ignorer. Cependant, quelques versets plus loin, Amaron nous précise que « la partie la plus méchante des Néphites fut détruite. Car le Seigneur ne voulait pas, après les avoir sauvés de leurs ennemis à Jérusalem, que les paroles qu'il avait dites à leurs pères ne soient pas confirmées, celles qui disaient : Si vous ne gardez pas mes commandements, vous ne prospérerez pas dans le pays. »

C'est dans ces moments d'épreuve que la main de Dieu se révèle, soutenant ceux qui lui ont confié leur foi. Les épreuves soulignent nos faiblesses, nous incitant à chercher la force divine dans nos vies. L'apôtre Paul l'exprime ainsi : « Il m'a été mis une écharde dans la chair, un ange de Satan pour me souffleter et m'empêcher de m'enorgueillir. Trois fois j'ai prié le Seigneur de l'éloigner de moi, et il m'a dit : Ma grâce te suffit, car ma puissance s'accomplit dans la faiblesse. Je me glorifierai donc bien plus volontiers de mes faiblesses, afin que la puissance de Christ repose sur moi. C'est pourquoi je me plais dans les faiblesses, dans les outrages, dans les calamités, dans les persécutions, dans les détresses, pour Christ; car, quand je suis faible, c'est alors que je suis fort. » (2 Corinthiens 12:7-10).

Dans le Livre de Mormon, on relate l'histoire du frère de Jared confronté à la tâche ardue de traverser « les grandes eaux » dans des embarcations dépourvues de lumière. Comme il ne pouvait pas avoir de feu dans leurs bateaux, il est parti consulté le Seigneur pour obtenir de l'aide. Sa première demande d'aide fut accueillie par cette question : « Que veux-tu donc que je prépare pour vous, pour que vous ayez de la lumière lorsque vous serez engloutis dans les profondeurs de la mer ? » (Ether 2:25). En d'autres termes, il lui a été demandé : « Quelle est ta proposition concrète ? Indique-moi précisément comment je peux te venir en aide ».

Nous lisons ensuite :« Et il arriva que le frère de Jared (or, le nombre de bateaux qui avaient été préparés était de huit) alla sur la montagne qu'ils appelaient le mont Shélem, à cause de sa hauteur extrême, et fondit d'un rocher seize petites pierres ; et elles étaient blanches et claires comme du verre transparent ; et il les porta dans ses mains jusqu'au sommet de la montagne, et éleva de nouveau la voix vers le Seigneur, disant: Ô Seigneur, tu as dit que nous devons être environnés par les flots. Or, voici, ô Seigneur, ne sois pas en colère contre ton serviteur à cause de sa faiblesse devant toi ; car nous savons que tu es saint et que tu demeures dans les cieux, et que nous sommes indignes devant toi ; à cause de la chute, notre nature est devenue continuellement mauvaise ; néanmoins, ô Seigneur, tu nous as donné le commandement de t'invoquer, afin de recevoir de toi selon notre désir. Voici, ô Seigneur, tu nous as frappés à cause de nos iniquités, et tu nous as chassés, et pendant ces nombreuses années nous avons été dans le désert ; néanmoins, tu as été miséricordieux envers nous. Ô Seigneur, porte le regard sur moi avec pitié, et détourne ta colère de ce peuple qui est le tien, et ne souffre pas qu'il traverse cet abîme furieux dans les ténèbres ; mais vois ces choses que j'ai fondues du rocher.

Et je sais, ô Seigneur, que tu as tout pouvoir et que tu peux faire tout ce que tu veux pour le profit de l'homme ; c'est pourquoi, touche ces pierres, ô Seigneur, de ton doigt, et prépare-les, afin qu'elles brillent dans les ténèbres ; et elles brilleront pour nous dans les bateaux que nous avons préparés, afin que nous ayons de la lumière pendant que nous traversons la mer. Voici, ô Seigneur, tu peux le faire. Nous savons que tu es capable de montrer une grande puissance, qui paraît petite à l'entendement des hommes. Et il arriva que lorsque le frère de Jared eut dit ces paroles, voici, le Seigneur étendit la main et toucha les pierres, une à une, du doigt. » (Ether 3:1-6)

Ce n'est qu'après que le frère de Jared ait mis en œuvre tout ce qui était possible de faire que la main de Dieu est intervenue pour accomplir le miracle nécessaire à l 'illumination des pierres. Sans cette épreuve qui l'a confronté à ces limites, le frère de Jared n'aurait jamais eu l'occasion de se rapprocher de Dieu et de voir littéralement sa main dans sa vie.

Un autre enseignement peut être tiré de l'histoire du frère de Jared : le célèbre principe "Demandez, et l'on vous donnera; cherchez, et vous trouverez; frappez, et l'on vous ouvrira." (Matthieu 7:7). Ce précepte, répété à maintes reprises dans les Écritures, que ce soit la Bible ou le Livre de Mormon, est d'une simplicité enfantine.

Pourtant, il arrive que nous nous retrouvions dans la situation de Laman et Lemuel, cherchant à comprendre le sens de nos épreuves et à obtenir l'aide de Dieu, mais n'obtenant jamais de réponses. Ils confient à leur frère Néphi : "Voici, nous ne pouvons pas comprendre les paroles que notre père a dites concernant les branches naturelles de l'olivier et aussi concernant les Gentils. Et je leur dis : Avez-vous interrogé le Seigneur ? Et ils me dirent : Non, car le Seigneur ne nous révèle rien de la sorte. Voici, je leur dis : Comment se fait-il que vous ne gardiez pas les commandements du Seigneur ? Comment se fait-il que vous vouliez périr à cause de l'endurcissement de votre cœur ? Ne vous souvenez-vous pas des choses que le Seigneur a dites : Si vous ne vous endurcissez pas le cœur et me demandez avec foi, croyant que vous recevrez, étant diligents à garder mes commandements, assurément ces choses vous seront révélées ?" (1 Nephi 15:7-11)

Néphi nous fait comprendre qu'aspirer à voir la main de Dieu ne suffit pas : il faut franchir l'étape suivante et la demander activement.

Le frère de Jared a eu une expérience unique du principe "Demandez et vous recevrez" : il a vu la main de Dieu lui-même. Cependant, l'intervention divine se fait souvent de façon plus discrète.

J'ai pu en faire l'expérience personnellement lors d'un examen. Après un stage de dissection, j'étais confronté à un test qui consistait à identifier diverses structures anatomiques en quelques secondes seulement. Cet examen, source de stress intense, nécessitait une bonne visualisation spatiale du corps, une mémoire solide et de la rapidité. J'ai prié silencieusement pour que Dieu m'aide à me souvenir de mes révisions au moment opportun.

L'examen s'est déroulé sans encombre jusqu'à ce que je me trouve face à une structure que je ne parvenais pas à identifier. Alors que l'anxiété commençait à me gagner, je me suis remémoré ma prière et le nom de la structure s'est imposé à mon esprit. J'ai rapidement noté la réponse, en ressentant une profonde gratitude pour l'aide de mon Père Céleste. Plus que la réponse correcte, c'est le soutien de Dieu qui m'a le plus touché.

Cette expérience m'a rappelé la présence de Dieu dans les détails de notre vie et la manière personnelle et adaptée dont il répond à nos prières. Son aide peut se manifester de manière subtile, mais elle est bien réelle, témoignant de la proximité et de la bienveillance de notre Père Céleste.

La main de Dieu peut également se manifester au travers des Écritures. En plongeant notre attention dans ces textes sacrés, et en suivant les enseignements qui y sont dispensés, nous découvrons des principes vitaux pour résoudre nos dilemmes.

Lorsque nous explorons les Écritures avec un esprit ouvert et un cœur disposé, nous donnons une voie pour que l'action de Dieu se révèle dans nos vies. Les histoires qu'elles racontent nous apportent des leçons de foi, d'obéissance, de repentance, d'amour et de pardon. Les préceptes contenus dans ces textes peuvent

guider nos choix, nous fortifier face aux épreuves et

nous aider à nouer une relation plus profonde avec le divin.

Pour illustrer cela, je peux partager une expérience personnelle. Comme tout couple, ma femme et moi connaissons des moments d'harmonie, mais aussi des instants de tensions (bien que ceux-ci soient, bien sûr, plutôt rares!).

Il nous est arrivé maintes fois que Dieu nous ait aidés à surmonter ces désaccords. Cela ne prend pas la forme d'un ange qui apparaît pour faire l'arbitre, désignant un gagnant et un perdant, mais plutôt par l'émergence de passages des Écritures que nous avons lus, ensemble ou séparément, et qui nous inspirent à trouver des solutions afin d'apaiser nos discordances. Des versets tels que : « Moi, le Seigneur, je pardonne à qui je veux pardonner, mais de vous il est requis de pardonner à tous les hommes » (Doctrine et Alliances 64:10) ou encore « Tu aimeras ton prochain comme toi-même » (Matthieu 22:39) nous ont maintes fois ramenés à la raison.

Je me rappelle particulièrement d'une soirée de Noël que nous devions planifier ensemble. Nos visions divergeaient quant à l'organisation de cette fête, ce qui avait suscité une dispute. Alors que je commençais à perdre patience, je me suis souvenu des paroles d'un prophète disant que « l'important est la relation, pas l'organisation ». Ainsi, le but de la vie n'est pas d'organiser la plus grandiose des fêtes de Noël à tout prix, surtout si cela doit se faire au détriment de ma conjointe. Au contraire, l'objectif est d'organiser une soirée imprégnée d'amour et d'unité, en harmonie avec celle qui compte le plus pour moi, même si cela signifie renoncer au foie gras.

Souvent, les défis que nous rencontrons ne sont pas uniquement destinés à notre propre croissance, mais aussi à élever ceux qui nous entourent. Nos tribulations et la manière dont nous y réagissons sont parfois orchestrées par Dieu pour stimuler les croyances de ceux qui nous observent. En nous confrontant à ces difficultés, il leur offre une chance précieuse de réexaminer leurs propres convictions et points de vue. Il leur donne l'occasion de constater que, même s'il autorise les tempêtes dans nos vies, il ne nous abandonne jamais dans ces épreuves. Il se sert de ces situations pour les inciter à réévaluer leurs conceptions limitées et à leur ouvrir les yeux sur l'aide et la force qu'il accorde à ceux qui lui restent fidèles. Notre exemple et notre lumière deviennent alors un phare qui les conduit vers une relation plus proche avec le Christ.

Comme Dallin H. Oaks l'a exprimé : « Ce qui nous intéresse, comme les enseignements doctrinaux supplémentaires importants de l'Église rétablie, n'est généralement pas ce qui intéresse les autres. En général, ils veulent les résultats de la doctrine, pas la doctrine elle-même. Quand ils observent ou ressentent les effets de l'Évangile rétabli de Jésus-Christ dans notre vie, ils ressentent l'Esprit et commencent à s'intéresser à la doctrine. ». Surmonter les épreuves de la vie grâce à notre foi est un témoignage bien plus convaincant de la réalité de Dieu pour ceux qui nous observent que tous les discours et sermons que nous aurions pu leur proposer.

Ce concept est parfaitement illustré dans l'histoire d'Ammon et de ses frères. Le Seigneur les a envoyés en mission pour partager l'Évangile avec les Lamanites, un peuple réticent. Comme on pouvait s'y attendre, ils ont été accueillis avec hostilité, rejetés, frappés, pourchassés et même emprisonnés pour certains. Pourtant, malgré ces adversités, la réaction et le comportement d'Ammon et de ses frères, soutenus par leur foi en Dieu, ont suscité l'admiration des Lamanites. Ammon, malgré les injustices et les souffrances qu'il a endurées, est resté serein et a continué à manifester de l'amour envers eux.

Cette attitude admirable a eu un impact significatif sur les Lamanites. Ils se sont demandé comment Ammon pouvait garder son calme et continuer à témoigner de l'amour malgré les défis rencontrés. La réponse se trouve dans l'invitation que Dieu avait faite à Ammon et à ses frères : "Or, lorsque notre cœur était déprimé et que nous étions sur le point de faire demi-tour, voici, le Seigneur nous a consolés et a dit : Allez parmi vos frères, les Lamanites, et supportez avec patience vos afflictions, et je vous donnerai du succès" (Alma 26:27).

Il est ainsi clair que ce n'est pas tant la prédication de l'Évangile en théorie, qui a touché le cœur des Lamanites, mais plutôt la façon dont Ammon et ses frères ont réagi face à l'adversité dans la pratique. Leur témoignage vivant de l'amour de Dieu, exprimé à travers leurs actes, a eu un impact profond sur les Lamanites. Ceux-ci ont été témoins de la patience, de la persévérance et de la bonté d'Ammon et de ses frères, ce qui les a incités à remettre en question leurs propres croyances et à ouvrir leur cœur à l'Évangile.

Cependant, pour ceux qui demeurent fermés d'esprit et obstinés, Dieu peut choisir de les confronter à des périodes de difficultés. Pour ceux qui ne croient pas en Dieu, les épreuves revêtent une importance particulière, car elles leur offrent l'opportunité de revoir leurs perspectives et de reconsidérer leurs croyances.

Par exemple, dans Alma 25, nous lisons l'histoire des Lamanites qui, après de nombreuses guerres et de grandes pertes, ont commencé à revoir leur position : « car beaucoup d'entre eux, après avoir subi beaucoup de pertes et tant d'afflictions, commencèrent à être incités à se souvenir des paroles qu'Aaron et ses frères leur avaient prêchées dans leur pays ; c'est pourquoi, ils commencèrent à cesser de croire aux traditions de leurs pères, et à croire au Seigneur, à croire qu'il donnait un grand pouvoir aux Néphites ; et ainsi il y en eut beaucoup parmi eux qui furent convertis dans le désert. » Ce changement de croyances n'aurait sûrement pas eu lieu si ces personnes avaient continué à prospérer dans leurs pays. D'ailleurs ce peuple n'avait pas prêter attention au paroles d'Aaron qui était venue leur enseigner l'évangile de Jésus Christ. C'est seulement lorsque la difficultés arrivent qu'ils ont pu voire la différence « entre le juste et le méchant, entre celui qui sert Dieu et celui qui ne le sert pas. »

Toutefois, l'objectif de Dieu dépasse largement la simple démonstration de sa puissance en nous montrant sa main. Son dessein ultime est de prendre notre main et de nous guider. À l'instar d'un maître, son but n'est pas d'obtenir une adoration aveugle de la part de ses disciples, mais plutôt de rectifier leur posture et de leur enseigner les mouvements corrects, afin de leur permettre de réaliser leur tâche avec succès. Dieu veut nous accompagner personnellement, nous corriger avec amour et nous montrer le chemin à suivre pour réaliser notre plein potentiel. Son but est de nous aider à développer notre spiritualité, à nous améliorer et à progresser dans notre parcours de vie, en nous offrant l'orientation nécessaire pour accomplir notre œuvre avec diligence et sagesse.

2. Nous aider à nous souvenir de Dieu

Comme l'homme naturel oublie vite ! Laman et Lémuel ont rapidement oublié qu'ils avaient vu un ange. Les israélites ne se sont pas souvenu que Dieu avait ouvert la mer en deux pour qu'ils puissent traverser. Mormon avait déjà remarqué cette fâcheuse tendance à son époque lorsqu'il déclare : « Oui, et nous pouvons voir qu'au moment même où il fait prospérer son peuple, oui, dans l'accroissement de ses champs, de ses troupeaux de gros et de petit bétail, et dans l'or, et dans l'argent, et dans toutes sortes de choses précieuses de toute espèce et de tout art, lui épargnant la vie et le délivrant des mains de ses ennemis, adoucissant le cœur de ses ennemis, afin qu'ils ne lui déclarent pas la guerre, oui, en bref, faisant tout pour le bien-être et le bonheur de son peuple, oui, c'est à ce moment-là qu'il s'endurcit le cœur, et oublie le Seigneur, son Dieu, et foule aux pieds le Saint — oui, et c'est à cause de son aisance et de son extrême prospérité. Et nous voyons ainsi qu'à moins que le Seigneur ne châtie son peuple par de nombreuses afflictions, oui, à moins qu'il n'intervienne contre lui par la mort et la terreur, et par la famine, et par toutes sortes de fléaux, il ne se souvient pas de lui. » (Hélaman 12)

Cette tendance pour être synthétisé par ce « schéma de l'orgueil »:

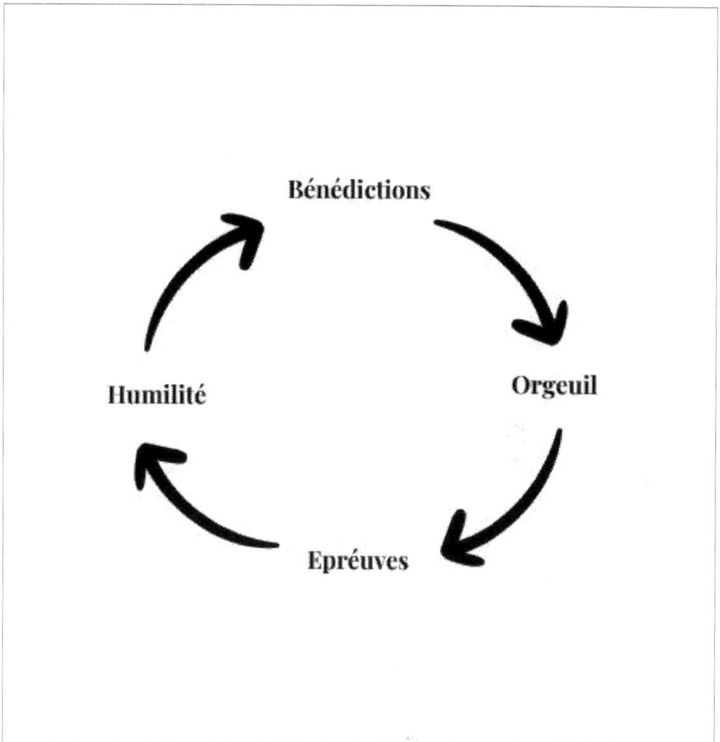

Jésus a partagé la parabole du fils prodigue afin d'illustrer la manière dont les hommes peuvent se comporter de manière imprudente : « Il dit encore: Un homme avait deux fils. Le plus jeune dit à son père: Mon père, donne-moi la part de bien qui doit me revenir. Et le père leur partagea son bien. Peu de jours après, le plus jeune fils, ayant tout ramassé, partit pour un pays éloigné, où il dissipa son bien en vivant dans la débauche. Lorsqu'il eut tout dépensé, une grande famine survint dans ce pays, et il commença à se trouver dans le besoin. Il alla se mettre au service d'un des habitants du pays, qui l'envoya dans ses champs garder les pourceaux. Il aurait bien voulu se rassasier des carouges que mangeaient les pourceaux, mais personne ne lui en donnait. Étant rentré en lui-même, il se dit: Combien de mercenaires chez mon père ont du pain en abondance, et moi, ici, je meurs de faim! Je me lèverai, j'irai vers mon père, et je lui dirai: Mon père, j'ai péché contre le ciel et contre toi, je ne suis plus digne d'être appelé ton fils; traite-moi comme l'un de tes mercenaires. Et il se leva, et alla vers son père. Comme il était encore loin, son père le vit et fut ému de compassion, il courut se jeter à son cou et le baisa. Le fils lui dit: Mon père, j'ai péché contre le ciel et contre toi, je ne suis plus digne d'être appelé ton fils. Mais le père dit à ses serviteurs: Apportez vite la plus belle robe, et l'en revêtez; mettez-lui un anneau au doigt, et des souliers aux pieds. Amenez le veau gras, et tuez-le. Mangeons et réjouissons-nous; car mon fils que voici était mort, et il est revenu à la vie; il était perdu, et il est retrouvé. Et ils commencèrent à se réjouir. » (Luc 15;11-24)

Cette histoire du fils prodigue est pour moi l'une des plus belles paraboles des Écritures. Elle met en scène un jeune homme qui, dans un élan de soif d'indépendance, décide de quitter le foyer familial. À première vue, cela pourrait être perçu comme une marque d'autonomie et de maturité. Toutefois, il s'avère que ses intentions ne sont pas de s'atteler à un travail honnête et de mener une vie responsable, mais plutôt de se livrer à des plaisirs éphémères et à une existence insouciante. Sa richesse est basée uniquement sur son héritage, et non sur le fruit de son labeur, de ses talents ou de sa contribution à la communauté. Son fondement n'est pas solide.

Comme c'est souvent le cas dans la vie, les épreuves font leur apparition. Ces épreuves agissent comme un rappel de l'ordre, elles replacent les choses dans leur contexte et permettent de vérifier si notre vie est construite sur un fondement solide ou instable. Dans le cas de ce jeune homme, sa vie était manifestement bâtie sur un fondement précaire, et tout s'écroule. Il prend conscience de sa faute, se réveille de sa torpeur et réalise qu'il a encore tant à apprendre de son père. Il revient à la raison et décide de rentrer chez lui.

Parmi les instants les plus émouvants de la parabole du fils prodigue, le retour de l'enfant auprès de son père tient une place particulière. On peut imaginer ce père, anxieux, scrutant l'horizon depuis sa fenêtre, fixant le chemin menant à sa demeure dans l'espoir de voir son fils revenir. Et lorsqu'il l'aperçoit "au loin", ce père court à sa rencontre. Il ne le réprimande pas, ne lui demande pas de s'expliquer. Il est simplement envahi par la joie de voir son fils rentrer chez lui. À travers lui, on peut percevoir l'image de l'homme qui a laissé ses 99 brebis pour partir à la recherche de celle qui s'était égarée, et qui déclare : "Je vous le dis, c'est ainsi qu'il y aura plus de joie dans le ciel pour un seul pécheur qui se repent que pour quatre-vingt-dix-neuf justes qui n'ont pas besoin de repentance." (Luc 15:7)

Les Écritures nous rappellent sans cesse l'importance de garder Dieu en mémoire. Se souvenir de Dieu et de sa bienveillance peut transformer notre cœur. Dale G Renlund enseigne : « L'une des transformations les plus remarquables est celle d'Alma le Jeune. Alors qu'Alma « all[ait] ça et là, se rebellant contre Dieu », un ange lui apparut. Il réprimanda Alma « avec une voix de tonnerre » car il persécutait l'Église et « séduis[ait] le cœur du peuple. » L'ange ajouta cette admonition : « Va, et souviens-toi de la captivité de tes pères […] et souviens-toi des grandes choses [que Dieu] a faites pour eux. » De toutes les exhortations possibles, c'est sur le souvenir que l'ange a insisté. Alma s'est repenti et s'est souvenu. Plus tard, il relata l'admonition de l'ange à son fils Hélaman. Il lui donna le conseil suivant : « Je voudrais que tu fasses comme moi et que tu te souviennes de la captivité de nos pères ; car ils étaient dans la servitude, et nul ne pouvait les délivrer, si ce n'est le Dieu d'Abraham, […] d'Isaac, et […] de Jacob, et il les a assurément délivrés dans leurs afflictions. » Alma dit simplement « je place ma confiance en lui ». Alma comprenait que le fait de se souvenir de la délivrance de l'esclavage et du soutien pendant les « épreuves et [les] difficultés de toute espèce » nous permet de connaître Dieu et de savoir que ses promesses sont sûres.(Conférence Général avril 2020 «Méditez sur la bonté et la grandeur de Dieu »)

David Bednar raconte un exemple qui montre comment les épreuves nous aide à nous rappeler de Dieu et comment ce souvenir de Dieu nous aide à surmonter l'épreuve :

« Un exemple tiré du Livre de Mormon souligne le pouvoir qu'a la connaissance du Seigneur (voir 2 Pierre 1:2-8 ; Alma 23:5-6) de dissiper la peur et d'apporter la paix même face à une grande adversité. Dans le pays d'Hélam, les concitoyens d'Alma étaient effrayés par l'armée lamanite qui approchait. « Mais Alma s'avança, et se tint parmi eux, et les exhorta à ne pas être effrayés, mais à se souvenir du Seigneur, leur Dieu, et il les délivrerait. « C'est pourquoi, ils firent taire leurs craintes » (Mosiah 23:27-28). Notez que ce n'est pas Alma qui fait taire les craintes du peuple. En fait, Alma conseille aux croyants de se souvenir du Seigneur et de la délivrance que lui seul peut leur accorder (voir 2 Néphi 2:8). Et la connaissance de la protection du Sauveur qui veille sur eux a permis aux gens de faire taire leurs craintes. »

La connaissance correcte de Dieu et la foi en lui nous octroient le pouvoir de surmonter nos peurs, car la seule source de paix durable est Jésus-Christ. Pourquoi ressentons-nous de l'anxiété et de la fatigue dans nos vies ? C'est parce que nous oublions Dieu.

Se souvenir de Dieu nous reconnecte à notre véritable place et insuffle en nous l'humilité. Lorsque nous le mettons de côté dans notre vie, nous nous rendons compte brusquement que nos connaissances scientifiques, notre système économique, nos savoirs et nos ressources ne sont que d'un secours limité. La pandémie a été un exemple percutant de cette réalité. Un simple virus, à peine visible à l'oeil nu, a réussi à bouleverser l'humanité entière.

La déclaration de Néphi prend plus de sens « Je ne placerai pas ma confiance dans le bras de la chair, car je sais que celui qui place sa confiance dans le bras de la chair est maudit. »

Selon le Larousse, le terme "maudit" se réfère à quelqu'un condamné à une damnation éternelle. Dans les Écritures, la damnation symbolise un arrêt de notre évolution spirituelle.

Mais pourquoi est-il dit que celui qui se fie à la chair est maudit ? C'est parce que l'homme, par sa nature, est imparfait. Sa compréhension et sa vision de la vie sont limitées. Inévitablement, des problèmes surgiront dans notre vie, des entraves qui freineront notre avancement spirituel et que nous ne serons pas en mesure de surmonter par nos propres moyens. Cela ne signifie pas que toute notre éducation et nos connaissances sont sans valeur. Elles doivent simplement être mises en perspective et prendre une place équilibrée dans notre vie.

Jacob l'explique ainsi « Oh ! le plan astucieux du Malin ! Oh ! la vanité, et la fragilité, et la folie des hommes ! Lorsqu'ils sont instruits, ils se croient sages, et ils n'écoutent pas les recommandations de Dieu, car ils les laissent de côté, pensant savoir par eux-mêmes, c'est pourquoi, leur sagesse est folie et elle ne leur profite pas. Et ils périront. Mais être instruit est une bonne chose si on écoute les recommandations de Dieu » (2 Néphi 9:28-29).

L'humilité réside essentiellement dans l'aspiration à chercher et à suivre les conseils dans notre existence. Cette aspiration est primordiale, car c'est alors que nous sommes réellement ouverts à l'apprentissage. Ma mère me citait fréquemment une maxime de Rabelais : "L'enfant n'est pas un vase à remplir mais un feu à allumer". En tant qu'enfants de Dieu, il n'est pas dans son intention de nous surcharger de principes jusqu'à déborder. Au contraire, il veut allumer une étincelle en nous, nous confiant la tâche d'alimenter cette lueur naissante.

Se rappeler de Dieu nous prépare à recevoir Son inspiration. Les routines quotidiennes, la monotonie du travail peuvent nous enfermer dans un état d'esprit qui nous éloigne de Dieu. Les diverses distractions peuvent détourner notre attention de Jésus et de Son Évangile, nous rendant sourds à Sa voix qui aspire à nous transmettre de nouvelles connaissances et des orientations. Nous nous trouvons alors plongés dans un sommeil spirituel, endormis aux principes que Dieu nous offre, courant le risque de devenir « Comme celui qui a faim rêve qu'il mange, Puis s'éveille, l'estomac vide, Et comme celui qui a soif rêve qu'il boit, Puis s'éveille, épuisé et languissant; » (Ésaïe 29:8).

Dans notre illusion, nous nous serons gavés de richesses éphémères, assaisonnées de gloire et servies avec une carafe de luxure. Mais à notre réveil, nous réaliserons que "tout est vanité" (Ecclésiaste 1:2) et que toutes ces choses n'étaient que des mirages.

C'est pourquoi Jésus, au jardin de Gethsémané, a enjoint Pierre et les fils de Zébédée à « Veiller et prier, afin que vous ne tombiez pas dans la tentation; l'esprit est bien disposé, mais la chair est faible. » (Matthieu 26:41). Les trois apôtres étaient en train de s'endormir alors qu'à quelques pas d'eux se déroulait l'expiation, qui permettrait à toute l'humanité de retourner auprès de Dieu !

Ne laissons pas les berceuses du monde nous endormir ! C'est l'imploration que Léhi a adressée à ses fils : « Oh ! si vous pouviez vous éveiller, vous éveiller d'un profond sommeil, oui, du sommeil de l'enfer, et secouer les affreuses chaînes par lesquelles vous êtes liés, qui sont les chaînes qui lient les enfants des hommes, de sorte qu'ils sont emmenés captifs, en bas, vers le gouffre éternel de misère et de malheur ! » (2 Néphi 1:13).

Nous sommes tous familiers avec l'expression : « Pince-moi, je rêve ! » Dans un sens, avec les difficultés de la vie, Dieu nous « pince » pour nous réveiller de notre sommeil spirituel. Si nous accueillons ces difficultés avec humilité, nous aurons alors l'opportunité de briser ces routines et habitudes afin de remettre davantage Dieu à la place qu'il mérite, et ainsi rester éveillés.

Comment maintenir un éveil spirituel constant ? Voici quelques propositions qui peuvent vous aider à entretenir cette flamme intérieure. N'hésitez pas à les adapter selon votre rythme et vos préférences :

1. Accordez-vous un moment chaque jour, idéalement de 20 à 30 minutes, dédié à l'étude des paroles de Dieu. Immergez-vous dans les textes sacrés, les histoires de vie des saints, ou tout autre ouvrage spirituel qui vous inspire. Laissez les messages divins imprégner votre pensée et orienter votre journée.

2. Assurez-vous de prier quotidiennement. Le pouvoir de la prière réside dans sa capacité à nous reconnecter avec notre Père céleste, à apaiser nos craintes et à éclairer notre voie. Il n'y a pas de moment précis pour prier, le tout est d'adopter une pratique régulière qui vous permettra de rester en lien constant avec la source divine.

3. Écoutez des personnes éveillées spirituellement. Leurs réflexions, expériences et connaissances peuvent vous aider à enrichir et à élargir votre propre compréhension spirituelle. Le partage d'expériences et le dialogue sont des outils précieux pour faire progresser

votre parcours spirituel.

4. Visitez régulièrement un lieu sacré pour vous. Cela peut être une église, un sanctuaire naturel comme votre jardin, une rivière ou un bois, ou même un coin tranquille de votre maison. L'idée est de trouver un endroit où vous vous sentez en paix et en connexion avec le divin, un lieu propice à la méditation et à la réflexion.

3. Se préparer à le rencontrer

La mort est intrinsèquement liée à la vie, un fait souvent négligé lorsqu'on vit une existence tranquille. Cependant, les catastrophes naturelles, les conflits et les pandémies comme celle du Covid-19 sont autant de rappels de cette réalité indéniable : nous sommes tous mortels. Face à cette inconnue, beaucoup éprouvent de la peur, de l'anxiété et de la dépression. La clé pour surmonter ces sentiments est simple mais cruciale : nous devons nous préparer à affronter notre propre mortalité.
La préparation à la mort requiert une compréhension claire de sa signification. Pourquoi Dieu, qui a créé la Terre et nous a donné la vie, permet-il que tout cela soit finalement anéanti par la mort ? La réponse est simple : sans la mort, nous serions condamnés à vivre éternellement dans un monde corrompu et déchu, séparés à jamais de la présence de Dieu.

La mort, bien que nous la percevions souvent comme une injustice, est en réalité un acte d'amour divin. Comme l'exprime cette déclaration : «Moi le

Seigneur Dieu, j'ai désigné à l'homme les jours de son épreuve, afin que, par sa mort naturelle, il soit ressuscité dans l'immortalité pour la vie éternelle, oui, tous ceux qui croiront» (D&A 29:43). En réalité, la mort n'est qu'une étape vers la résurrection.

Amulek définit la résurrection ainsi : « L'esprit et le corps seront de nouveau réunis sous leur forme parfaite ; membres et jointures seront rendus à leur forme propre, comme nous sommes maintenant, en ce moment ; et nous serons amenés à nous tenir devant Dieu, » (Alma 11:43)

Alma explique a son fils que par le pouvoir de la résurrection : « tout sera rendu à son ordre propre, chaque chose à sa forme naturelle — la mortalité ressuscitée à l'immortalité, la corruption à l'incorruptibilité » (Alma 41:4).

Ainsi, la mort universelle cède la place à la résurrection grâce à la puissance de Jésus-Christ, nous offrant la chance de vivre éternellement, libérés de toute maladie ou infirmité, dans un corps parfait. C'est un don gratuit, offert à tous par la grâce divine.

Comme Amulek l'a dit ; cette résurrection nous amènera à nous tenir devant Dieu. Et ainsi « puisqu'ils sont devenus immortels, ils vont comparaître devant le siège du jugement du Saint d'Israël ; et alors vient le jugement, et alors ils vont être jugés selon le saint jugement de Dieu. » (2 Néphi 9:15)

Selon les écritures, le jugement final semble plus être une auto-évaluation par rapport à la perfection divine qu'un jugement arbitraire de Dieu. Comme le dit Alma : « Car nos paroles nous condamneront, oui, toutes nos œuvres nous condamneront ; nous ne serons pas considérés comme étant sans tache, et nos pensées nous condamneront aussi ; et dans cet état affreux, nous n'oserons pas lever les yeux vers notre Dieu, et nous serions heureux si nous pouvions commander aux rochers et aux montagnes de tomber sur nous pour nous cacher de sa présence. » (Alma 12:14). Il est important de noter que, selon ce verset, ce n'est pas Dieu qui nous condamne, ni même qui nous éloigne de Sa présence.

Le Roi Benjamin ajoute : « Ils sont condamnés à la vision affreuse de leur culpabilité et de leurs abominations personnelles, ce qui les fait reculer hors de la présence du Seigneur, » (Mosiah 3:25). En vérité, à ce moment-là, nous n'aurons pas besoin de justifier nos actions, car « notre connaissance sera parfaite. C'est pourquoi, nous aurons la connaissance parfaite de toute notre culpabilité, et de notre impureté, et de notre nudité ; et les justes auront la connaissance parfaite de leur bonheur et de leur justice, étant revêtus de pureté, oui, du manteau de la justice. » (2 Néphi 9:13-14). Nous serons alors « contraints de [nous] exclamer : Saints, saints sont tes jugements, ô Seigneur Dieu Tout-Puissant — mais je connais ma culpabilité, j'ai transgressé ta loi, et mes transgressions sont miennes ; » (2 Néphi 9:46).

Dieu nous donne de nombreuses occasions, au travers des épreuves de la vie, de nous évaluer et de prendre conscience de notre situation. Quand les difficultés surgissent, nous n'avons pas le temps de donner une bonne impression. C'est notre véritable personnalité qui se révèle. Par exemple, si votre voiture est percutée par une autre, quelle est votre première réaction ? Est-ce l'insulte qui jaillit, ou la préoccupation pour l'état de l'autre conducteur ? Ces réactions instinctives sont un reflet de notre caractère profond et nous aident à identifier nos points à améliorer.

Cependant, cette transformation ne peut se réaliser que si nous suivons les commandements de Dieu. Ce ne sont pas de simples conseils, mais des recommandations vitales d'un Père qui a créé nos esprits, qui nous connaît et qui sait ce dont nous avons besoin. En suivant ces recommandations, nous serons remplis de Son amour et, comme le dit l'apôtre Jean, « l'amour parfait bannit la crainte » (1 Jean 4:18).

La recherche de la volonté de Dieu, le fait de se souvenir constamment de Lui, nous permettra d'avoir son esprit avec nous. Et cet Esprit, qui demeurera en nous, « nous donnera de la connaissance, et aussi du pouvoir, selon notre foi et nos désirs qui sont en Dieu. » (Alma 18:35).

C'est en se rapprochant de Dieu que nous trouverons la véritable joie et la force de faire face aux défis. Le peuple d'Ammon avait parfaitement compris ce principe : « et ils ne considérèrent jamais la mort avec le moindre sentiment de terreur, à cause de leur espérance et de leurs convictions concernant le Christ et la résurrection. C'est pourquoi, la mort était engloutie pour eux par la victoire du Christ sur elle. » (Alma 27:28).

Pour illustrer l'importance de la préparation, Jésus a raconté la parabole des dix vierges. Remarquez la différence entre le groupe qui à prévu le nécessaire et l'autre : « Alors le royaume des cieux sera semblable à dix vierges qui, ayant pris leurs lampes, allèrent à la rencontre de l'époux. Cinq d'entre elles étaient folles, et cinq sages. Les folles, en prenant leurs lampes, ne prirent point d'huile avec elles ; mais les sages prirent, avec leurs lampes, de l'huile dans des vases. Comme l'époux tardait, toutes s'assoupirent et s'endormirent. Au milieu de la nuit, on cria : Voici l'époux, allez à sa rencontre ! Alors toutes ces vierges se réveillèrent, et préparèrent leurs lampes. Les folles dirent aux sages : Donnez-nous de votre huile, car nos lampes s'éteignent. Les sages répondirent : Non ; il n'y en aurait pas assez pour nous et pour vous ; allez plutôt chez ceux qui en vendent, et achetez-en pour vous. Pendant qu'elles allaient en acheter, l'époux arriva ; celles qui étaient prêtes entrèrent avec lui dans la salle des noces, et la porte fut fermée. Plus tard, les autres vierges vinrent, et dirent : Seigneur, Seigneur, ouvre-nous. Mais il répondit : Je vous le dis en vérité, je ne vous connais pas. Veillez donc, puisque vous ne savez ni le jour, ni l'heure. » (Matthieu 25:1-13)

On peut à peine imaginer la déception et la tristesse des cinq vierges qui ne se sont pas suffisamment préparées en apportant suffisamment d'huile. Cette huile peut être considérée comme symbolisant notre justice personnelle. Sur cette terre, il ne suffit pas d'être simplement « pas méchant ». Nous devons nous efforcer d'aider autrui, ne pas avoir peur de faire le bien (D&A 6:33), et « œuvrer avec zèle à une bonne cause, faire beaucoup de choses de leur plein gré et produire beaucoup de justice. » (D&A 58:27)

Et nous devons agir maintenant, « car après ce jour de vie, qui nous est donné pour nous préparer pour l'éternité, voici, si nous ne faisons pas meilleur usage de notre temps pendant que nous sommes dans cette vie, alors vient la nuit de ténèbres où aucun travail ne peut être accompli. » (Alma 34:33)

En vivant de cette manière, nous trouverons la paix. Lorsque les tempêtes de la vie commenceront à gronder et que les autres commenceront à s'inquiéter pour leur existence, nous pourrons continuer à rester calmes, à l'instar du Christ. Nous saurons que nous avons fait notre part et que le reste est entre les mains de Dieu. Si nous devons vivre, nous vivrons pour Lui, et si nous devons mourir, nous mourrons pour Lui.

Et après le confinement ?

Un chroniqueur que j'apprécie beaucoup à dit pendant la période de confinement : « On a beau lire partout sur les réseaux sociaux que l'on va revenir plus fort, dans un monde meilleur : un monde basé sur le partage, la collaboration et l'amour de son prochain. En réalité, on sait tous que dès que l'on pourra ressortir dans la rue, prendre l'avion et aller au resto, on reprendra nos bonnes vieilles habitudes capitalistes, en faisant de temps en temps un don à Greenpeace. On pourra même se surprendre à dire que Greta, elle n'est quand même pas si mal.

Je ne dis pas ça pour être fataliste, mais il suffit de regarder le chiffre d'affaires phénoménal du magasin Hermès de Shanghai depuis que les Chinois sont sortis de confinement. Ça se chiffre en millions de dollars, un peu comme si la seule chose qui avait manqué aux Chinois pendant ces semaines de confinement, c'était d'acheter une ceinture, un sac à main ou une cravate hors de prix. Autant vous dire que nous allons faire exactement la même chose, ça ne sera peut-être pas Hermès pour tout le monde, mais disons que nos habitudes vont reprendre parce qu'il est tout de même très rare que l'être humain change complètement son train-train quotidien. »

Il est certain que l'homme naturel agira de cette manière. Toutefois, comme nous l'avons précédemment souligné, les épreuves ont pour dessein de nous métamorphoser. Si aucune transformation ne s'opère en nous, cela signifie que nous n'avons pas saisi l'essence de la leçon à retenir.

Que se passe-t-il alors lorsqu'un élève ne s'investit pas pour assimiler la leçon? Il doit recommencer l'année, revivre les mêmes épreuves. Si l'effort n'est toujours pas au rendez-vous, le cycle de redoublement se poursuit jusqu'à une éventuelle exclusion de l'établissement.

Ces épreuves ne visent jamais à nous forcer à changer. Dieu, dans son amour incommensurable pour ses enfants, leur a accordé le libre arbitre : "C'est pourquoi, les hommes sont libres selon la chair, et tout ce qui est nécessaire à l'homme leur est donné. Et ils sont libres de choisir la liberté et la vie éternelle, par l'intermédiaire du grand Médiateur de tous les hommes, ou de choisir la captivité et la mort, selon la captivité et le pouvoir du diable; car il cherche à rendre tous les hommes malheureux comme lui." (2 Néphi 2:27). Il ne nous contraindra jamais à agir, même s'il sait que cela nous serait bénéfique. En réalité, il préfère un homme attristé par ses propres choix qu'un homme heureux qui n'a pas fait de choix. Car finalement, pouvons-nous réellement savourer le bonheur si nous ne l'avons pas choisi?

Il est indéniable que le changement est ardu, souvent parce que nous ne l'abordons pas de la bonne façon. Jésus dans Matthieu 12 explique pourquoi : "Lorsqu'un esprit impur est sorti d'un homme, il va dans des endroits arides pour chercher du repos, et il n'en trouve pas. Alors il dit : 'Je retournerai dans ma maison, d'où je suis sorti.' A son arrivée, il la trouve vide, balayée et bien rangée. Alors il s'en va prendre avec lui sept autres esprits plus mauvais que lui; ils entrent dans la maison, s'y installent, et la dernière condition de cet homme est pire que la première. Il en ira de même pour cette génération mauvaise."

Pourquoi l'esprit maléfique revient-il? Parce que la maison est sans occupant ! La crise du coronavirus a détruit nos anciens refuges. C'est ce que font toutes les épreuves. Les esprits malfaisants se sont retrouvés sans abri! Nous avons saisi l'opportunité du confinement pour reconstruire nos demeures. Mais si nous laissons notre maison sans habitant, qui empêchera cet ancien esprit de revenir lorsqu'il passera par là?

Pour que le changement soit pérenne, il est indispensable d'inviter celui qui a dit : "Voici, je me tiens à la porte, et je frappe. Si quelqu'un entend ma voix et ouvre la porte, j'entrerai chez lui, je souperai avec lui, et lui avec moi." (Apocalypse 3:20). Si nous n'accueillons pas Jésus Christ dans notre demeure, les rénovations de façade et les nouvelles décorations ne serviront qu'à abriter nos anciennes habitudes. Il doit être au cœur de notre existence. Lui seul a le pouvoir d'évincer "les démons, ou les esprits malins qui demeurent dans le cœur des enfants des hommes." (Mosiah 3:6), et ce, de manière irréversible.

Comme évoqué vu dans l'introduction, lorsqu'un tremblement de terre survient, seul les bâtiments avec de solide fondations résistent à l'événement. Le texte du chroniqueur cité précédemment souligne l'unique type de fondations qui résiste : "un monde basé sur le partage, la collaboration et l'amour de son prochain." Alors, pourquoi chercher à édifier un monde sur des bases différentes ? La prochaine crise réduira en poussière les édifices qui ne sont pas ancrés dans ces principes, principes que

Dieu a transmis par l'intermédiaire de ses prophètes depuis des millénaires.

Comment envisageons-nous de poursuivre notre existence ? Allons-nous reconstruire sur les fondations qui se sont effondrées, ou préférons-nous éliminer les débris pour continuer à nous concentrer sur les fondations qui ont résisté ? Jésus a enseigné : "C'est pourquoi, quiconque entend ces paroles que je dis et les met en pratique, sera semblable à un homme prudent qui a bâti sa maison sur le roc. La pluie est tombée, les torrents sont venus, les vents ont soufflé et se sont jetés contre cette maison: elle n'est point tombée, parce qu'elle était fondée sur le roc. Mais quiconque entend ces paroles que je dis, et ne les met pas en pratique, sera semblable à un homme insensé qui a bâti sa maison sur le sable, La pluie est tombée, les torrents sont venus, les vents ont soufflé et ont battu cette maison: elle est tombée, et sa ruine a été grande." (Matthieu 7)

Ce virus peut être comparé à un torrent, ou à un vent qui a soufflé sur notre demeure. Si celle-ci s'est effondrée, c'est probablement parce que les fondements de notre vie n'étaient pas suffisamment stables. Cela est bénéfique, nous avons pu percevoir notre imprudence avant de continuer à construire sur un sol instable. Mais si après le passage de cette tempête, nous reconstruisons sur du sable, nous ne sommes plus des insensés, nous risquons simplement d'être stupides.

Si notre maison était bâtie sur du roc mais que les fondations ont vacillé et que des fissures sont apparues, il est urgent de les réparer et de les renforcer. Résister à une tempête est un exploit, mais se préparer à résister à la prochaine, qui pourrait être encore plus dévastatrice, est d'autant plus sage.

Car sans vouloir jouer les oiseaux de mauvais augure, je suis convaincu que la situation que nous avons traversée ne sera pas la dernière. En fait, Jésus lui-même a prophétisé qu'avant son retour : "Vous entendrez parler de guerres et de bruits de guerres : gardez-vous d'être troublés, car il faut que ces choses arrivent. Mais ce ne sera pas encore la fin. Une nation s'élèvera contre une nation, et un royaume contre un royaume, et il y aura, en divers lieux, des famines et des tremblements de terre." (Matthieu 24:6-7) Il ajoute : "des pestes et des famines; il y aura des phénomènes terribles, et de grands signes dans le ciel." (Luc 21:11) Il explique aussi qu'"il y aura de l'angoisse chez les nations qui ne sauront que faire." (Luc 21:25) Une partie de ces prophéties s'est déjà réalisée. Les autres ne manqueront sûrement pas de se concrétiser.

Ces grands événements viendront afin de réaliser la parabole que Jésus avait donné : « « 'Il leur proposa une autre parabole [qui faisait également allusion à l'établissement du royaume à cette époque-là du monde], et il dit : le royaume des cieux est semblable à un homme qui a semé une bonne semence dans son champ. Mais pendant que les gens dormaient, son ennemi vint, sema de l'ivraie parmi le blé, et s'en alla. Lorsque l'herbe eut poussé et donné du fruit, l'ivraie parut aussi. Les serviteurs du maître de la maison vinrent lui dire : Seigneur, n'as-tu pas semé une bonne semence dans ton champ ? D'où vient donc qu'il y a de l'ivraie ? Il leur répondit : C'est un ennemi qui a fait cela. Et les serviteurs lui dirent : Veux-tu que nous allions l'arracher ? Non, dit-il, de peur qu'en arrachant l'ivraie, vous ne déraciniez en même temps le blé. Laissez croître ensemble l'un et l'autre jusqu'à la moisson, et, à l'époque de la moisson, je dirai aux moissonneurs : Arrachez d'abord l'ivraie, et liez-la en gerbes pour la brûler, mais amassez le blé dans mon grenier' [Matthieu 13:24-30]. » L'été approche à grands pas. Le temps de la moisson est à portée de main et chaque jour nous en rapproche davantage.

Les moissonneurs se serviront de ces cataclysmes, de ces épidémies et de ces guerres pour distinguer le bon grain de l'ivraie et éliminer les mauvaises herbes.

Je suis convaincu que nous aurons réellement triomphé du coronavirus non pas quand il aura disparu, mais quand nous aurons éliminé l'ivraie de nos esprits et de nos cœurs. La victoire véritable viendra du changement dans nos âmes qui nous permettra d'affronter sereinement les futurs défis qui se dresseront devant nous.

Le coronavirus ne disparaîtra peut-être jamais. Une fois le confinement levé, il est possible que son impact physique diminue si un traitement est trouvé. Cependant, l'impact émotionnel et spirituel qu'il a produit ; la peur de la mort, de la souffrance, de la solitude ne sera véritablement atténué qu'en acceptant le traitement du grand médecin de l'univers : l'évangile de Jésus Christ.

La vie reprendra son cours, comme cela a toujours été le cas. Après toutes les épreuves exceptionnelles ; les guerres mondiales, les séismes et les tsunamis, les catastrophes nucléaires, les épidémies, la vie a toujours repris son rythme habituel. Cependant, comme le souligne Edmund Vance Cooke dans son poème « The Eternal Day », « L'épreuve de la grandeur est la manière dont on assume le quotidien éternel ». Le plus important n'est pas de survivre aux événements exceptionnels de la vie, mais plutôt d'affronter avec courage nos obligations quotidiennes d'amour et de service envers Dieu et nos semblables.

J'espère que ce livre vous aura conduit à la conclusion que Mormon a exprimée il y a longtemps : « Et ainsi, nous voyons comme l'inégalité de l'homme est grande à cause du péché, et de la transgression, et du pouvoir du diable, qui vient des plans rusés qu'il a inventés pour prendre au piège le cœur des hommes. Et ainsi, nous voyons le grand appel à la diligence pour que les hommes travaillent dans les vignes du Seigneur ; et ainsi, nous voyons la grande raison de la tristesse, et aussi de la joie — de la tristesse à cause de la mort et de la destruction parmi les hommes, et de la joie à cause de la lumière du Christ qui mène à la vie. » (Alma 28:13-14) Souvenons nous que les disparités entre les individus ne découlent pas des défis que nous affrontons, mais plutôt de la puissance que nous décidons d'obtenir de Dieu pour les surmonter.

Printed in Poland
by Amazon Fulfillment
Poland Sp. z o.o., Wrocław

24146038R00065